次の10年を決める「ビジネス教養」がゼロからわかる！
+5Gビジネス+見るだけノート

# 图解
# 5G时代的
# 商业模式

[日] 三瓶政一 著
陆旭林 译

机械工业出版社
CHINA MACHINE PRESS

5G有什么"了不起"？5G时代的来临将带来社会经济和生活领域的哪些变化？5G、AI和机械的融合将会如何塑造我们的未来社会？这本书以漫画的形式，对于新时代移动通信5G技术对未来生活的影响进行了概览式的解说，直观地展示了5G在各个行业的应用场景及案例，涵盖交通、物流、医疗、安保、制造、建筑、农业、零售、旅游、金融、娱乐等各行各业，生动活泼，通俗易懂，是一本简洁明了的5G商业科普读物。读了本书，相信您就应该能够充分理解5G为什么是一项"了不起"的技术。

次の１０年を決める「ビジネス教養」がゼロからわかる！
５Ｇビジネス見るだけノート

Copyright © 2020 by Seiichi Sanpei
Original Japanese edition published by TAKARAJIMASHA, Inc.
Chinese Simplified Language translation rights arranged with TAKARAJIMASHA, Inc. Through YOUBOOK AGENCY, CHINA
Chinese Simplified Language translation rights © 2021 by China Machine Press.

本作品简体翻译权利经由玉流文化版权代理独家授权。
北京市版权局著作权合同登记　图字：01-2020-4410号。

## 图书在版编目（CIP）数据

图解5G时代的商业模式 /（日）三瓶政一著；陆旭林译. — 北京：机械工业出版社，2021.9
ISBN 978-7-111-68911-9

Ⅰ.①图… Ⅱ.①三… ②陆… Ⅲ.①第五代移动通信系统–影响–商业模式–研究 Ⅳ.①F71

中国版本图书馆CIP数据核字（2021）第162484号

机械工业出版社（北京市百万庄大街22号　邮政编码100037）
策划编辑：李新妞　　责任编辑：李新妞　戴思杨
责任校对：李　伟　　责任印制：张　博
中教科（保定）印刷股份有限公司印刷

2021年11月第1版第1次印刷
148mm×210mm · 5 印张 · 87 千字
标准书号：ISBN 978-7-111-68911-9
定价：59.00 元

电话服务　　　　　　　　　　网络服务
客服电话：010-88361066　　　机　工　官　网：www.cmpbook.com
　　　　　010-88379833　　　机　工　官　博：weibo.com/cmp1952
　　　　　010-68326294　　　金　书　网：www.golden-book.com
封底无防伪标均为盗版　　　　机工教育服务网：www.cmpedu.com

# 前言

## "5G"是使我们的生活发生巨变的助推器吗?

如今电视上关于 5G 的节目和新闻越来越多了,但应该还是有不少人感到疑惑,5G 到底是什么?

5G 是指第五代移动通信技术,是由国际电信联盟无线通信部门(ITU-R)进行规范的国际标准。那么有人就会产生疑问了,我们有 1G~4G 吗?是的,1G~4G 确实存在,对此从事无线通信系统的技术人员是广泛了解的。但一般人只要能用无线网络在智能手机上收集信息便满足了,并不在意无线连接的方式,当然也就没有必要去了解过去几代的通信技术了。那为什么 5G 就成了众人瞩目的关键词呢?

这是因为,5G 有可能成为使我们的生活发生巨变的助推器。5G 大大超越了 4G 手机的信息传输服务、智能办公室、智能化工厂、自动驾驶等,它们就在我们生活空间中的不远处。过去与手机没有任何关联的汽车、机器人、机械等,都能通过 5G 的连接完成远程操作、提供人工智能支持,从而实现高功能化。

5G 最重要的作用就是:有许多连接上 5G 系统能够发挥取代人类的功能。能连接上 5G 网络的有汽车、机器人、机器等,大多都能够代替人类去工作。如果能用 5G 网络将它们相连接,那么远程操作就有可能实现了。得益于此,我们就能够更好地去应对一些伴随着安全风险的工作,如高空作业和灾害现场处置等,

并且还能以更低的成本去实现。如果再加上人工智能，那么我们就能够不借助人工，让机械自主地进行工作。"5G+人工智能（AI）+可代替人类动作功能的机械"这一形态，对于面临少子高龄化、劳动力减少等社会问题的国家来说，将有可能成为解决一些领域"人手不足"问题的方案，人们对此寄予了极大期待。

在这样的背景下，日本政府针对"社会5.0（Society5.0）"的实现及5G社会的发展，出台了各种各样的政策，为解决少子高龄化、劳动力减少等社会问题积极提供支持，并进一步试图提升地方经济活力。

那些存在于我们身边的各种各样的服务，通过5G的应用，将得到全新的发展。本书正是在这样的背景之下，以具体事例的形式对此加以说明。具体而言，自动驾驶、医疗·护理、制造业、商品流通、生活、娱乐等就在我们身边，有哪些是可能会应用5G的？5G、人工智能和机械的融合将会如何塑造我们的未来社会？本书将对此进行简洁而明快的解释说明。读了本书，相信您应该就能够充分理解5G为什么是一项能够解决各领域问题的技术。

三瓶政一

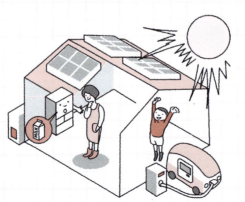

# 目录

前言

5G 带来的未来 ················································ 2

## Chapter 01
### 第 1 章
### 新时代移动通信"5G"将给我们带来什么

**01** "5G"到底是什么?
第 5 代（5th generation）·············· 6

**02** 5G 有什么"了不起"?
① 高速、大容量
20Gbps ················································ 8

**03** 5G 有什么"了不起"?
② 低延迟
自动驾驶、低延迟、远程医疗 ·················· 10

**04** 5G 有什么"了不起"?
③ 连接设备多
智慧城市 ················································ 12

**05** 5G 将改变什么?
5G NR
（New Radio，新空口）············ 14

专栏 01 ---------------------------
5G 将创造多大的经济效益? ········ 16

术语解释 ················································ 17

## Chapter 02
### 第 2 章
### 提前了解！关于"5G"的基础知识

**01** 移动通信技术的变迁
1G ～ 4G、3.5G、3.9G ············ 20

**02** 4G 与 5G 的不同
NSA 组网膜式、SA 组网膜式 ·· 22

**03** 为什么通信速率更快了? ①
高频段通信 ················································ 24

**04** 为什么通信速率更快了? ②
波束成形技术、网络切片技术、边缘计算技术 ···················· 26

**05** 5G 时代的通信业将向"B2B2X"模式转换
B2B2X ················································ 28

**06** 5G 的现状与国际竞争
19 亿人 ················································ 30

**07** 日本的 5G 开发现状及未来图景
电信运营商 ················································ 32

**08** "Local 5G"是什么?
Local 5G ················································ 34

**09** 5G 与商业革命
商机 ················································ 36

专栏 02 ---------------------------
5G 与 LPWA ················································ 38

术语解释 ················································ 39

v

## Chapter 03
第 3 章
有了 5G，未来会是这样！
### 交通与物流篇

- 01 5G 带来的"交通与物流"革命
  自动驾驶 ·········· 42
- 02 "智能互联汽车"是什么？
  紧急报警、车联网保险 ·········· 44
- 03 "ADAS"是什么？
  数字外后视镜 ·········· 46
- 04 "自动驾驶车队"解决司机不足的问题
  无人驾驶卡车 ·········· 48
- 05 "无人机配送"与"UGV（无人地面车）"
  在有人地区的上空飞行、远距离操作 ·········· 50
- 06 远程监控与自动驾驶的案例
  远程控制 ·········· 52
- 07 "MaaS"是什么？
  MaaS 专用 APP ·········· 54

专栏 03
MaaS 在全球的现状 ·········· 56

术语解释 ·········· 57

## Chapter 04
第 4 章
有了 5G，未来会是这样！
### 医疗护理篇、安全保障篇

- 01 5G 带来的"医疗护理"革命
  远程医疗 ·········· 60
- 02 "在线诊疗"解决医生不足的问题
  在线诊疗 ·········· 62
- 03 "远程手术"——接受来自名医的指导
  远程手术指导 ·········· 64
- 04 "护理机器人"拯救老龄化社会
  护理机器人 ·········· 66
- 05 云与人工智能，为紧急医疗提供支持
  超级救护车 ·········· 68
- 06 5G 带来的"安保"革命
  监视、监护 ·········· 70
- 07 运用大量 4K 摄像头以强化警备
  4K、人脸识别 ·········· 72
- 08 "天空之眼"与"警卫机器人"
  三神器 ·········· 74
- 09 "4K 摄像头 +AI"让可疑人员无所遁形
  4K、AI ·········· 76

专栏 04························································
KDDI 的智能无人机······································78

术语解释···························································79

## Chapter 05
### 第 5 章
### 有了 5G，未来会是这样！
### 制造、建筑·土木、农业篇

01 5G 带来的"制造"革命
　　工业机械······················································82

02 智能化工厂与 5G
　　智能化工厂··················································84

03 "远程操作"
　　解决人才不足的问题
　　远程操作······················································86

04 提升工作人员熟练度的
　　"实时教练系统"
　　实时教练系统··············································88

05 "产业用机器人控制"
　　提升工作效率
　　产业用机器人控制······································90

06 "工业 4.0"与 5G
　　物联网、联网化············································92

07 5G 带来的"建筑·土木"革命
　　数字孪生······················································94

08 5G 带来的"农业"革命
　　智慧农业······················································96

专栏 05························································
日本提出的"互联工业"是什么？···············98

术语解释···························································99

## Chapter 06
### 第 6 章
### 有了 5G，未来会是这样！
### 零售、旅游、金融篇

01 5G 带来的"零售"革命
　　顾客至上、营销信息································102

02 从 5G 出发思考的"XR"
　　消费时代
　　虚拟现实、增强现实、混合现实、
　　XR 技术······················································104

03 5G 时代的无现金支付
　　无现金化、人脸识别································106

04 基于机器人的劳动管理将
　　成为"劳动力不足"的救
　　世主？
　　机器人科学、AI 助理································108

05 "数字广告"与"市场营销"
　　的世界将因 5G 发生巨变
　　移动广告、视频广告································110

06 "窗口"和"认证"都将
　　数字化的金融界
　　金融科技、生物识别································112

专栏 06························································
DOCOMO 的"新体感旅游服务"
··········································································114

术语解释·························································115

VII

# Chapter 07
第 7 章
有了 5G，未来会是这样！
## 生活篇

- **01** 有了 5G，我们的生活会变成什么样？
  生活就像是科幻电影……………118
- **02** "智慧城市"真的要来了
  智慧城市、社会 5.0…………120
- **03** "智能住宅"里的未来生活
  智能住宅…………………………122
- **04** 有了 5G，教育会变成什么样？
  体验式学习………………………124
- **05** 5G 时代的服务"XaaS"是什么？
  XaaS、Raas………………………126

专栏 07 ------------------
5G 还能解决"少子高龄化"问题？
……………………………………128

**术语解释** ……………………129

# Chapter 08
第 8 章
有了 5G，未来会是这样！
## 娱乐篇

- **01** 5G 带来的"娱乐"革命
  超高精细影像、IP 同步广播……………132
- **02** "云游戏"与"电子竞技"
  解决动作延迟……………………134
- **03** 多角度下的新型体育·演唱会体验
  多角度功能………………………136
- **04** 5G 时代，虚拟网红将大展身手？
  VTuber、虚拟模特………………138
- **05** 未来的"XR 眼镜"是什么？
  眼镜型终端、小型·轻量化
  ……………………………………140
- **06** 关于 5G 的风险，你要提前了解
  安全问题、隐私泄露、电磁辐射…………………………142

专栏 08 ------------------
人们热议的"5G 智能手机"哪里厉害？………………………144

**术语解释** ……………………146

主要参考文献 …………………150

决定未来 10 年的
商业素质，从零掌握！

# 图解
# 5G时代的
# 商业模式

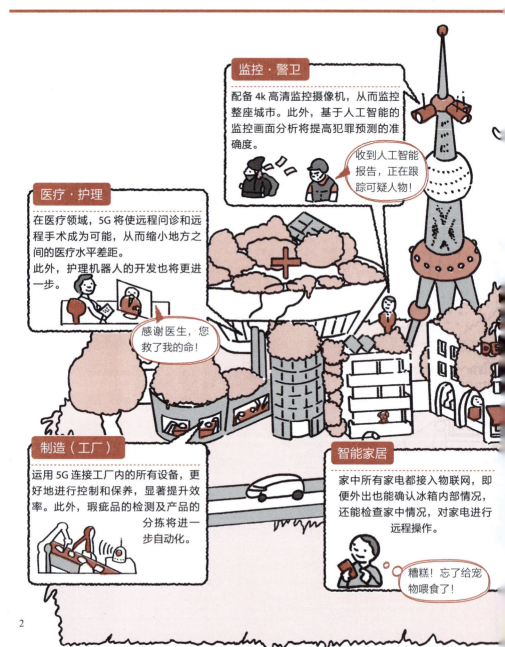

# 01 Chapter

5G business
mirudake note

第1章

# 新时代移动通信"5G"将给我们带来什么

2020 年春， 5G 服务开始提供。
　　5G 不仅将给商业和我们的生活带来巨大便利， 从节约能源、 保护地球环境的角度来看， 5G 的作用十分值得期待。 世界各国都在引进的 5G， 到底厉害在哪里？ 先让我们来看看它有哪些特点吧。

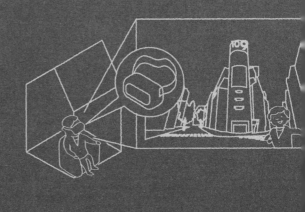

关键词 ➡ ☑ 第5代（5th generation）

# "5G"到底是什么？

"5G"的"5"，是用来表示移动网络（移动通信系统）进化过程的数字。

所谓"5G"，是第 5 代（5th generation）移动通信技术的简称。移动网络技术已发生巨大变化，用"第 5 代"与此前的时代区分开来。从目前商用的情况来看，5G 技术在智能手机与视频信号传输等领域的应用较为领先，因此可能有人以为 5G 是专门服务这些领域的技术。但实际上，5G 是一项能够给所有行业，乃至给我们的日常生活带来革新的最新技术。特别是对于物联网（IoT）的普及，5G 可以说是必不可少、备受瞩目。

当今世界正面临着各种各样的问题，如人口的增长与老龄化、人口

## 5G带来的好处

更扣人心弦的体育赛事观看体验，更加畅快自在的游戏竞技。

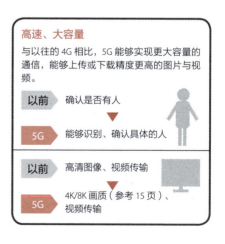

高速、大容量

与以往的 4G 相比，5G 能够实现更大容量的通信，能够上传或下载精度更高的图片与视频。

| 以前 | 确认是否有人 |
| 5G | 能够识别、确认具体的人 |

| 以前 | 高清图像、视频传输 |
| 5G | 4K/8K 画质（参考 15 页）、视频传输 |

向城市集中、贫富差距扩大、环境遭受破坏、水资源匮乏、粮食短缺、交通堵塞等，不一而足。为解决这些问题，为实现社会的可持续发展，我们有必要利用物联网（IoT）技术并建立起智能化社会。要想实现目标，5G是必不可少的基础技术。通过运用5G技术，过去那些只能在电脑端和智能手机端上运行的通信网络将扩展到职场中的所有机器、家中的一切家电，甚至是交通网络。通过统合信息并运用人工智能等最新技术，将能够实现更高效的能源管理，从而解决各种各样的环境问题、贫富差距问题，进而减少犯罪。

01 新时代移动通信 5G 将给我们带来什么

**低延迟**
通信延迟将大幅降低，收发信息实时进行。

| 以前 | 驾驶人需要在车内进行判断、操作 |
| 5G | 能够远程对车辆周边环境等因素做出判断并进行操作 |
| 以前 | 受制于网络延迟，远程手术难以实现 |
| 5G | 能够通过机器人进行同步操作，完成远程手术 |

除了自动驾驶和医疗领域，5G 给 VR（虚拟现实）和 AR（增强现实）也带来了更多的可能性。（参照 111 页）

万物皆可连入网络，打造智慧城市（smart city）。（参照 126 页）

**网络容量大**
5G 能够提供的设备连接能力至少是 4G 的 10 倍，可满足全社会的物联网通信。

| 以前 | 4G 网络最多同时连接 10 万台设备 |
| 5G | 即便是在人员密集场所，5G 网络仍能同时连接约 100 万台设备 |

关键词 ➡ ☑ 20Gbps

## 5G 有什么"了不起"？
## ①高速、大容量

移动通信网络近 40 年来已取得了不小的进步，但 5G 服务开始提供后，将使移动通信网络更上一层楼。

一般认为，5G 的最大通信速度将达到 20Gbps（比特/秒）。这一速度是当前国内移动通信系统中使用的 4G（LTE，详见本章术语解释）的至少 10 倍。

这比现在通信领域中常用的光纤、局域网电缆和 Wi-Fi 等的速度都要快，在将来，5G 设备将大大超越它们。实现超高速通信之后，数据量庞大的 4K 和 8K 等高画质视频和通信，以及因接入物联网而膨胀起来的数据通信都将变得更流畅。

### "高速、大容量" 可以做到什么？

■ 移动通信系统的数据速率越高，容量越大，我们的生活就会发生越大的变化。

**AR/VR**
我们将 AR（增强现实）、VR（虚拟现实）、MR（混合现实）等技术统称为"xR"。低延迟、高速率的 5G 将给这一技术带来全新体验。

我都快分不清哪个是现实的、哪个是虚拟的了……

举例来说,一部时长 2 个小时的电影,用 5G 只需 3 秒即可下载完成。容量如此之大的通信如果普及,那么我们对娱乐性内容(比如体育比赛和演唱会的实时转播、竞技类游戏)的获取和使用将发生巨大变化。此外,数据量庞大的高画质的视频信息还将在许多其他领域中发挥作用,如需要配备大量监视摄像头和人工智能设备的安保系统、医疗和数字广告领域等。顺带一提,我们现在观看的 1080P(Full HD)通常被叫作"2K",画面的像素数约有 207 万。而现在利用卫星传输进行播放的 4K 电视频道,其画面的像素数约是 2K 的 4 倍——829 万;8K 则约是 16 倍——3318 万。想必读者看到这些数据,也能够想象到那该是画质多么高清(数据容量大)的视频信息。

01 新时代移动通信带来什么 5G 将给我们

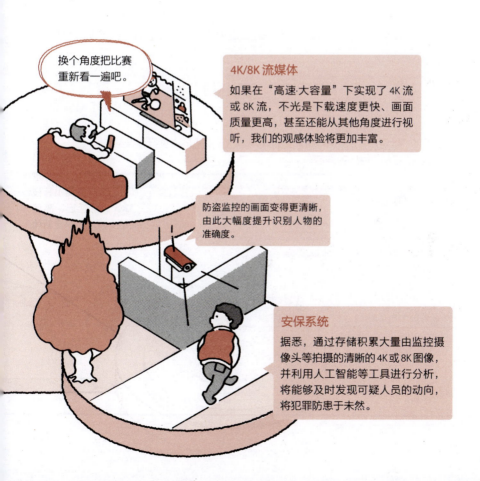

换个角度把比赛重新看一遍吧。

**4K/8K 流媒体**
如果在"高速·大容量"下实现了 4K 流或 8K 流,不光是下载速度更快、画面质量更高,甚至还能从其他角度进行视听,我们的观感体验将更加丰富。

防盗监控的画面变得更清晰,由此大幅度提升识别人物的准确度。

**安保系统**
据悉,通过存储积累大量由监控摄像头等拍摄的清晰的 4K 或 8K 图像,并利用人工智能等工具进行分析,将能够及时发现可疑人员的动向,将犯罪防患于未然。

关键词 ➡ ☑ 自动驾驶、低延迟、远程医疗

## 5G 有什么"了不起"?
## ②低延迟

5G 的低延迟特点将给自动驾驶、甚至是与我们生命息息相关的医疗领域带来革新。

近来,似乎有不少人开始特别关注电视和报纸上与自动驾驶有关的新闻了。对于自动驾驶而言,5G 的低延迟特点必不可少。举例来说,为提高自动驾驶的安全性,需要将车辆行驶中的视频数据发送给管理中心并由电脑进行远程操控,从而驾驶汽车。但在这过程中,如果视频数据或者操控命令的传输发生了延迟,那么就会引发交通事故。而如果能够利用好 5G 的低延迟特点,那么以往棘手的延迟问题就将得到解决。

### "低延迟" 可以做到什么?

◪ 5G 的"低延迟",使操作者能够顺畅地对汽车或机器人进行远程操作,几乎感受不到时间的滞后。

**远程医疗**
发生紧急情况时,身处医院的专家医生就有可能从远程对还在救护车或者直升飞机上的患者进行手术。

此外，低延迟的特点还将给远程医疗领域带来极大的进步。举例来说，虽然目前已有不少关于"远程手术"的研究，但通信过程中的延迟一直是难以解决的问题。但如果我们能够利用好5G的低延迟特点，那么主刀医生就有可能远程实时操控机器人进行手术，由于通信延迟造成的判断失误和操作失误将大幅减少。远程执行手术的医生所看到的画面的精度将更高，从而能够更为细致地进行确认和判断。与4G相比，5G的延迟只有其1/10不到，可谓"超低延迟"。如果能够利用好这项技术，不仅是自动驾驶和远程医疗，还将给各个商务领域带来革新。

01 新时代移动通信"5G"将给我们带来什么

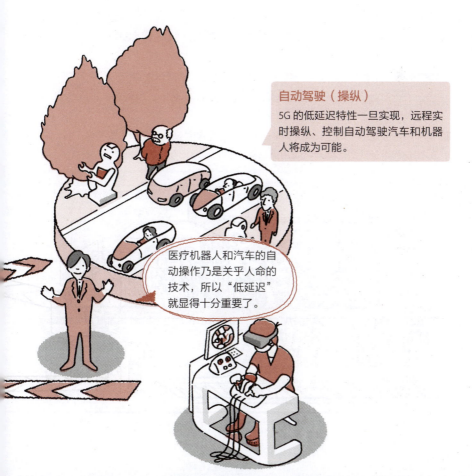

**自动驾驶（操纵）**
5G的低延迟特性一旦实现，远程实时操纵、控制自动驾驶汽车和机器人将成为可能。

医疗机器人和汽车的自动操作乃是关乎人命的技术，所以"低延迟"就显得十分重要了。

关键词 ➡ ☑ 智慧城市

## 5G有什么"了不起"？
### ③连接设备多

对于当今备受关注的"智慧城市"来说，5G的特点之一"连接设备多"至关重要。

　　能够同时连接大量终端是5G的特点之一。就算是4G，一个蜂窝接入点也能够连接许多终端，不只是几台设备而已。与之相比，5G则能同时让超过其数十倍的机器和传感器同时接入网络。比如，在商业活动中，仓库中储藏着数量庞大的物品，使用者将能够瞬间掌握它们的位置、出入库和状态等信息。再比如说，当发生自然灾害时，可以将可佩戴式终端分发给人数众多的受灾者，从而远程掌握、管理其健康状态。

**人多拥挤也毫无压力！**

◾ 每一平方公里的土地上，5G网络可支持同时连接的终端数多达100万台。因此，即便是在人多拥挤的地方，使用者也能够毫无压力地畅快观看视频。

就我们以往使用的 4G 而言,如果大量终端同时连接到一个基站,有时就会出现连接不畅的情况。但如果是 5G,它所能够同时连接的终端数量可达到 4G 的 100 倍。5G 的"连接设备多"这一特点还有望用于大型体育场、大剧场、演唱会现场和游戏竞技会场等,为人们带来全新的媒体体验。此外,"连接设备多"还能够进一步推进近年来备受关注的"智慧城市"的实现。在智慧城市中,整个城市就是一个大型的连接平台,人和物都可以加入连接。得益于此,整个城市的安全、基础设施的维护与扩建、低能耗等都将得以实现。如果这样的系统能够进一步在全世界范围内应用,那么我们则有望实现建设没有环境污染和气候变暖的可持续发展的社会。

## "连接设备多" 可以做到什么?

■ 可同时连接的设备数量多了,不光方便了电脑和手机,我们身边的所有机器将都能够接入网络。

关 键 词 ➡ ☑ 5G NR（New Radio，新空口）

# 05 5G 将改变什么？

5G 服务不只是会改变我们的工作和生活，它甚至可能会改变整个社会和地球。

正如前文所说，5G 改变的不只是电脑和手机等终端的通信速度和数据容量。通信基础设施的重要性日益凸显，而为我们的未来生活提供支撑的正是新时代通信系统"5G"。美国和韩国等国家已经开始提供 5G 服务了，日本则计划于 2020 年春季开始提供 5G 服务。但就算运营商已经开始提供 5G 服务，也并不意味着我们马上就能够享受到前文中介绍的种种改变。

## 5G 开发的过去与将来

▰ 2019 年，橄榄球世界杯在日本举办。日本以此为契机开始提供 5G 预商用服务（Pre-service），并计划于 2020 年以后逐步将 5G 服务扩展到一般商用。

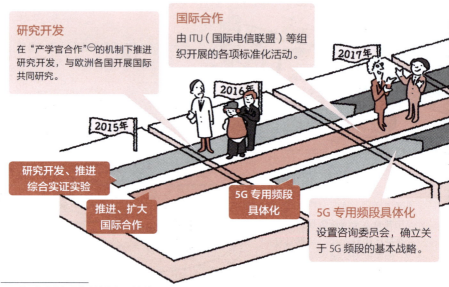

**研究开发**
在"产学官合作"㊀的机制下推进研究开发，与欧洲各国开展国际共同研究。

**国际合作**
由 ITU（国际电信联盟）等组织开展的各项标准化活动。

2015 年：研究开发、推进综合实证实验

2016 年：推进、扩大国际合作；5G 专用频段具体化

2017 年：5G 专用频段具体化
设置咨询委员会，确立关于 5G 频段的基本战略。

㊀ 指企业与具有高端技术、高级专业知识的大学以及公立研究机构合作。——译者注

2019年，日本队在橄榄球世界杯上的精彩表现让整个日本都沸腾了。在开幕赛现场，观众可以免费租借 5G 手机，通过切换赛场内的多架摄像机画面从多个角度观赛，这种全新的观赛体验引起了热烈讨论。然而，可以让我们尽情享受这种 5G 服务的环境还未完全形成，还需要一些时间。由于 5G 是在 4G 的基础之上逐步推进的，因此就算日本在 2020 年春季开始提供 5G 服务，也并不意味着能够应用 5G 的所有功能。根据计划，日本将优先在大城市开始推行 5G 服务，要覆盖全国范围并过渡到 5G NR ⊖的话要到 2022 年之后了。关于 5G 服务，现在有不少人都在讨论"谁来承担基础设施建设的费用"之类的问题。但从许多专家的预测来看，5G 的普及速度会比当初 4G 普及的速度还要快，并且带来更多的变革。

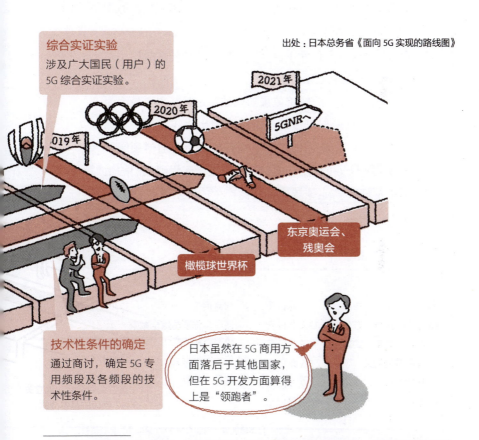

出处：日本总务省《面向 5G 实现的路线图》

**综合实证实验**
涉及广大国民（用户）的 5G 综合实证实验。

**技术性条件的确定**
通过商讨，确定 5G 专用频段及各频段的技术性条件。

日本虽然在 5G 商用方面落后于其他国家，但在 5G 开发方面算得上是"领跑者"。

⊖ 5G 指的是第 5 代移动通信，NR 则是 3GPP（全球移动通信标准制定权威组织，也就是定标准的组织）目前确定的 5G 空口技术的名词缩写，代表 new radio，意指新无线电或新无线通信技术，是目前正在制定的全新全球 5G 标准，它将成为下一代移动网络的基础。——译者注

专栏 01

# 5G 将创造多大的经济效益?

根据日本总务省在"电波政策 2020 恳谈会"上发布的资料，5G 在农林水产、交通和制造业等 10 种产业领域产生的经济效果，经过估算，将有 46.8 兆日元（约合人民币 2.8 万亿元）。与以往的移动通信系统相比，5G 产生的经济效果可谓极大。

为什么 5G 的经济效果如此被肯定呢？主要是因为它的应用范围与以往的通信技术相比实在是大得多。从 1G 到 4G，它们的应用范围仅仅停留于通信领域。而 5G 则不仅可应用于通信领域，还能应用到我们的生活中及许多其他领域中，估测产生的经济效果自然也就大了。

| | |
|---|---|
| 交通・出行・物流　21 兆日元 | 教育相关　3230 亿日元 |
| 工厂・制造・办公　13.4 兆日元 | 通过实施预防保全减少桥梁更新的费用　2700 亿日元 |
| 医疗・健康・护理　5.5 兆日元 | 旅游观光相关　2523 亿日元 |
| 商品流通相关　3.5 兆日元 | 体育・健身　2373 亿日元 |
| 智能家居　1.9 兆日元 | |
| 农林水产　4268 亿日元 | |

出处：日本总务省"电波政策 2020 恳谈会"会议资料。

# Chapter 01 术语解释   关键词

☑ KEY WORD
## 物联网（IoT）(P.6)

物联网（Internet of Things，简称 IoT）是将电脑和智能手机等通信设备以外的种种物品（如建筑物、家用电器、汽车等）接入互联网，并实现收发信息、自动控制、远程操作等功能的技术总称。物联网这一概念最早由英国的技术专家凯文·艾什顿（Kevin Ashton）在 1999 年研究射频识别（RFID）时提出来，他也因此被誉为"物联网之父"。

☑ KEY WORD
## LTE (P.8)

LTE（Long Term Evolution 的简称，即长期演进技术）是手机数据通信的方式之一，也被叫做"3.9G"。它的通信速度比 3G 更快，特点是能够一次传输大量数据。虽然严格来说 LTE 并不等同于 4G，但由于 ITU（国际电信联盟）认可将其称为"4G"，故而在大多情况下人们也就将 LTE 称为 4G 了。LTE 的最大数据传输速度可达 150Mbps，但根据通信运营商的不同，其频段也不尽相同。700MHz 到 900MHz 的电波频段特别适合用于移动电话等通信装置，因此该频段被很多企业所持有，空闲的频段非常稀少，在日本被称作"白金频段"。

☑ KEY WORD
## 国际电信联盟（ITU）(P.14)

国际电信联盟（International Telecommunication Union，简称 ITU）总部设于瑞士日内瓦，是联合国的一个重要专门机构，其作用在于商讨、确定与电信使用相关的国际标准。ITU 的组织结构主要分为电信标准化部门（ITU-T）、无线电通信部门（ITU-R）和电信发展部门（ITU-D），负责分配和管理全球无线电频谱、制定全球电信标准、向发展中国家提供电信援助等。

☑ KEY WORD
## 3GPP (P.15)

第三代合作伙伴计划，英文全称是"3rd Generation Partnership Project"，简称 3GPP。在过渡到 3G 以前，不同国家或地区在电信方面各自为营，手机的通信方式并不统一。以引入 3G 为契机，为商讨制定相关标准，各国通信网络行业从业者组成了一个共同的业界团体。经合作商讨，3G 的相关标准得以确定，而此后的 4G、5G 也是如此，移动通信系统的标准化将继续进行下去。

☑ KEY WORD
## 5G NR (P.15)

NR 是"New Radio"的简称，意为"新的无线电"。该项技术是 5G 网络中无线连接的国际标准，几乎与"5G"意思相同，但 5G NR 还可指与 LTE 不兼容的纯粹的 5G。为限制现有 LTE 的通信而用的组网模式有两种，分别是 NSA 和 SA⊖。就像我们把 LTE 称作 4G 一样，有时 5G NR 也被叫作 5G。

---

⊖ NSA 模式，不是完整的 5G 网络，它的一部分功能要依靠现在的 4G，专业上称之为非独立组网，该模式下两路天线需同时连接 4G 网络和 5G NR。SA 模式是相对于 NSA 模式而言的，它是独立的组网模式，可以充分发挥 5G 网络的效果，在 SA 模式下 5G 天线只要 5G NR 就够了，不需要 LTE。　　——译者注

17

# Chapter 02

5G business
mirudake note

第2章

# 提前了解！
# 关于"5G"的基础知识

日本国内的最早的移动通信系统出现于1979年。

此后的40年内，手机差不多以10年为一个周期不断进化。

本章中将介绍移动通信系统进化的历史、5G的开发现状及5G给我们带来的未来。

关 键 词 ➡ ☑ 1G~4G、3.5G、3.9G

# 01 移动通信技术的变迁

在了解 5G 的基本知识之前,首先来回顾一下此前 1G~4G 的发展历程吧。

在上一章中,我们了解到 5G 其实就是"第 5 代移动通信技术"。那么接下来就让我们来回顾一下从 1G 发展到如今的 5G 的历程吧。日本于 1979 年开始提供最初的模拟移动电话服务,也就是我们说的"1G(第 1 代)"。到了 1993 年,日本开始采用数字通信服务,"2G(第 2 代)"开始了。这意味着我们的手机功能将不再局限于通话,数据通信(如电子邮件等)成为可能。NTT DOCOMO 公司推出的"i-Mode"⊖和 j-phone 公司推出的图片邮件服务都是在 2G 普及的时代兴起的。另外,20 世纪

**1G~5G 的进化**

第 1 代(20 世纪 80 年代)
仅限声音(以模拟信号传输)
- 1979 年　日本电信电话公社(现在的"NTT")开始提供移动通信服务
- 1987 年　NTT 公司开始提供移动电话服务

第 2 代(20 世纪 90 年代)
数据包通信(以数字信号传输)
- 1993 年　"Digital Mova"服务开始提供
- 1999 年　"i-Mode"服务开始提供
- 2000 年　"沙邮(图片邮件)"服务开始提供

⊖ i-Mode 是 NTT DOCOMO 于 1999 年推出的一项上网服务,最大的改变在于计费模式,将原本以时间为主的计费方式,改为以封包(下载量)为单位,如此可以大幅降低使用者的上网费用,加速普及的速度。——译者注

90年代中期迅速兴起的PHS⊖也属于2G。

2001年,一项名为"IMT-2000"的通信服务出现了,由此进入3G时代。通信的速度变得更快,数据容量变得更大,"One-seg"(一种日本开发的专门用于数字电视地面广播的服务)让手机也能自由收看电视或收听广播。当时NTT公司还推出了一项名为"FOMA"的3G服务,该服务可使通信速度达到以往手机的约四倍。此后,通信服务的高速化和低成本化不断推进,3.5G、3.9G(LTE)陆续登场。而接下来的4G,则是指由国际电信联盟认可的"LTE-Advanced(长期演进技术升级版)"及"WiMAX 2"。2012年开始提供的4G服务一下子就普及开来。现在用的智能手机几乎都是4G(第4代),且大容量的通信(如视频、手机游戏等)变得更加寻常。而超越4G的新时代移动通信系统正是5G。

02 提前了解!关于5G的基础知识!

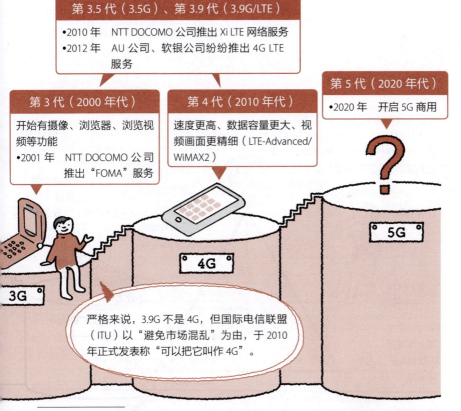

第3.5代(3.5G)、第3.9代(3.9G/LTE)
- 2010年 NTT DOCOMO公司推出Xi LTE网络服务
- 2012年 AU公司、软银公司纷纷推出4G LTE服务

第3代(2000年代)
开始有摄像、浏览器、浏览视频等功能
- 2001年 NTT DOCOMO公司推出"FOMA"服务

第4代(2010年代)
速度更高、数据容量更大、视频画面更精细(LTE-Advanced/WiMAX2)

第5代(2020年代)
- 2020年 开启5G商用

严格来说,3.9G不是4G,但国际电信联盟(ITU)以"避免市场混乱"为由,于2010年正式发表称"可以把它叫作4G"。

⊖ 全称Personal Handy-phone System,即"个人手持式电话系统"。该技术起源于日本,在中国被称为"小灵通"。——译者注

关键词 → ☑ NSA组网模式、SA组网模式

# 02  4G 与 5G 的不同

> 我们并不会在 2020 年一下就完全切换到 5G，5G 取代 4G 的过程是逐步前进的。

让我们来细看 4G 与 5G 之间的不同之处吧。首先，5G 的最大下行速率为 20Gbps，最大上行速率为 10Gbps，理论上可达到 4G 的 100 倍以上（但这毕竟只是理论值，在 5G 服务开始提供的初期，可能只有 10~20 倍）。因此，在 5G 网络下，读取大容量的数据内容（如视频等）时明显比 4G 快很多，下载或上传视频、远程在线会议、运用 VR 的远程交流或互动游戏等都将运行得更加顺畅。

## 4G 与 5G 的比较

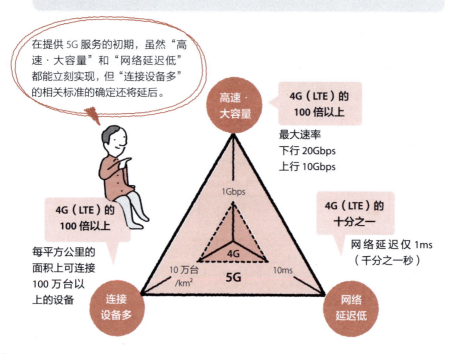

2020年，多数国家在引入5G的初期，为在降低成本的同时顺利推行5G，往往采用NSA组网模式，即并用提供4G网络的LTE基站和提供5G网络的NR基站。因此不难预想，在提供5G服务的初期阶段，当使用者身处一定的区域范围内（如大城市、人员密集场所等）是可以使用5G的，而一旦离开这一范围就会切换到4G。但在5G的普及阶段，将会建设更多支持SA组网模式的NR基站，预计在2022年做到覆盖地方城市及人口稀少区域。但由于4G技术的完成度较高，并且5G还要靠与4G合作的方式逐步推行，所以5G服务开始后，4G并不会马上停止运行，它将在一段时间内与5G并存。

## NSA是什么？SA又是什么？

在5G服务启用初期，一般采用NSA组网模式，即同一台终端连接不同的基站，分别用于交换用户数据和传输控制信号。

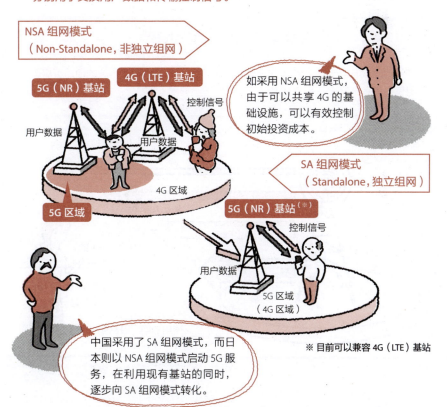

※ 目前可以兼容4G（LTE）基站

关键词 ➡ ☑ 高频段通信

## 03 为什么通信速率更快了？①

为什么 5G 的通信速率会远超 4G？本节为你解开秘密。

在该部分内容中，让我们一起来了解 5G 通信速率变快的机制。首先，为实现高速率、大容量，有必要拓宽用于传输数据的带宽。然而，适用于移动通信系统的 700~900MHz 的频段资源（在日本也被称为"白金频段"）已由日本总务省专门分配给了各项服务，剩下来可利用的频段并不充足。因此，5G 就需要使用高频段部分，也就是通常被称为"毫米波"的频段。

### 频率与电磁波传播的关系

📝 低频率电磁波的传播距离远，但所包含的信息量少；高频率电磁波的传播距离近，但包含的信息量大。

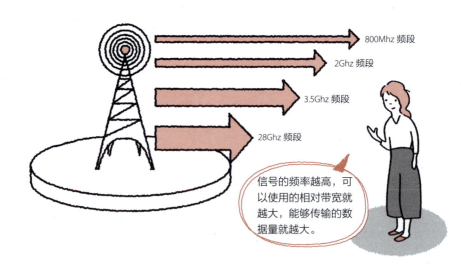

信号的频率越高，可以使用的相对带宽就越大，能够传输的数据量就越大。

除了 4G 使用的 3.6GHz 及以下的频段外，5G 还考虑使用更高的频段，如 3.6GHz~6GHz 和 28GHz，这些频段从来没有用于移动通信。由此可以拓宽 4G 下原本固定的副载波之间 15kHz 的间隔，增加每一个副载波可以传输的数据量。过去，一般认为由于短波长的无线电波难以弯曲，容易受到建筑物和树木的遮挡，故而难以进行长距离的传播。还有一个问题是，为了将易衰减的无线电波发送到更远的地方，就需要增加天线的输出，从而可能会产生电磁波，影响到健康的问题。"波束成形"（参考 26 页）正是用来克服这些缺点的技术。

## 5G "高速率、大容量" 的机制

📝 在推出 5G 服务时，使用的是 NSA 模式，即同一个终端连接到不同的基站，以交换用户数据和传输控制信号。

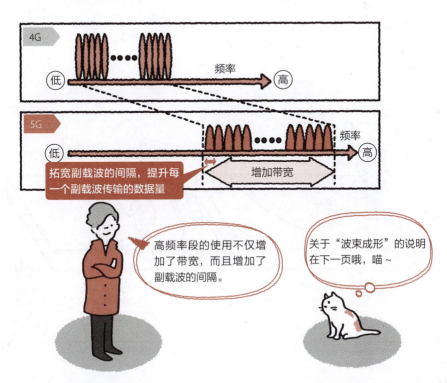

关键词 ➡ ☑ 波束成形技术、网络切片技术、边缘计算技术

## 04 为什么通信速率更快了？②

5G 的高速度不是仅靠高频段通信实现的，还要依靠以下其他技术。

波束成形是实现 5G 的一项基本技术。如果天线以同心圆的方式发射无线电波（无指向性），那么信号的强度会随着距离的增加而减少。5G 则使用"大规模有源天线阵技术（Massive MIMO）"，即一种用大量天线元件来发射和接收数据的无线通信技术，成功实现了波束成形。

### "波束成形"是什么？

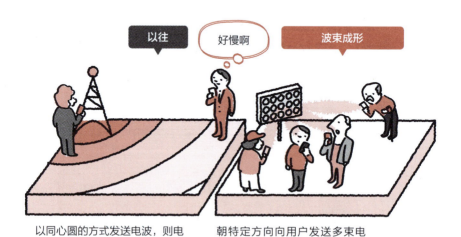

以同心圆的方式发送电波，则电波的强度会随着到圆心的距离增加而减弱。

朝特定方向向用户发送多束电波，从而提升电波的使用效率。

在引入5G之际,有一项技术备受瞩目,那就是"网络切片(Network Slicing)"。它可以将一个物理网络切割成多个虚拟网络,对资源和服务进行逻辑隔离,根据具体用途为用户提供服务。过去的一个物理网络包含了各种各样的服务,而如果进行网络切片,就能将宽带中的某一部分用于实现低延迟、某一部分用于实现大容量,根据用户所需的服务分配成不同的切片。此外还有一项技术也颇受关注,那就是"边缘计算(Edge Computing)"。将服务器分散在终端的附近,对5G有重要的支持作用。互联网上经过处理的数据往往都被会发送至云端,从而实现通信;但这项技术可以不通过云端,直接将数据分散到在现场附近的服务器进行储存和分析,从而大大降低数据处理的延迟性。

● "网络分割"就像是这样:

● "边缘计算"就像是这样:

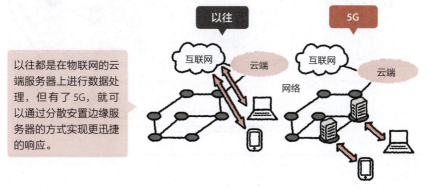

关键词 → ✓ B2B2X

# 05 5G 时代的通信业将向"B2B2X"模式转换

"B2B2X"可谓象征着 5G 时代通信行业的商业模式。

以往通信行业大多都采取"B2X"的商业模式。这里的"X"指的是所有的终端用户,并不区分企业和个人。但对于 5G 时代的通信行业来说,经由商业伙伴来向用户提供服务的"B2B2X(企业对企业对第三方)"的商业模式将变得更加重要。因为在 5G 的环境之下,一切领域和场所都将有网络存在,通过把与当地网络直接相连的业务经营者作为目标顾客,就能够触及所有的现场和终端用户。

## "B2B2X"是什么?

▨ 5G 时代通信行业采取的"B2B2X"商务模式基本上可以参考下图:

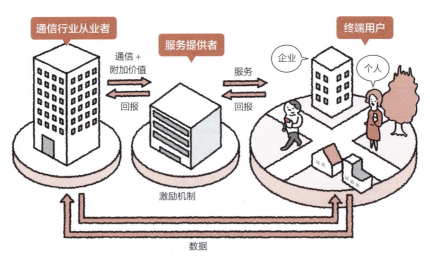

NTT东日本正是靠这一模式开拓了医疗器械生产厂家这一客户群体,可谓典型案例。该公司通过一并承包各地医院和诊所需要的通信相关设备及设备的调试导入,成功触及了与医疗器械生产厂家关联的医院等终端用户。像这样,5G时代的通信行业从业者(B)通过为服务提供者(B)提供新型服务,最终将自己的服务传递给所有的终端用户(X)。此外,通信行业从业者还可以利用从网络上获取的信息来为服务提供者出具新的方案。由此,通信行业将有可能为其他各个领域提供支持。这些服务和支持,不只是成就了通信行业从业者和服务提供者的利益,成就了向终端用户提供的附加价值、便利性和更多选项,它们还将对解决社会问题做出贡献。

## NTT集团提出的"B2B2X"模式

▍NTT集团是一家足以代表日本通信行业的企业,他们计划通过"B2B2X"商业模式创造出以下价值:

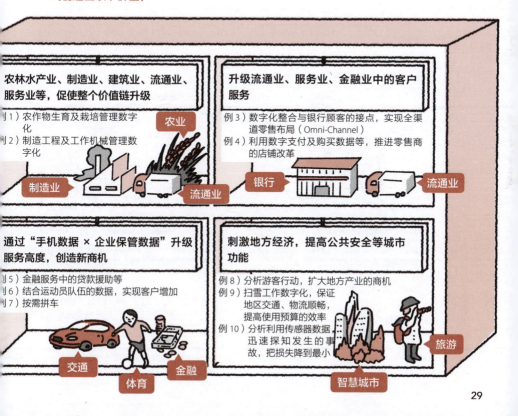

关 键 词 ➡ ☑ 19亿人

## 06 5G 的现状与国际竞争

虽然日本计划在 2020 年之后开始推动 5G 商用,但世界上的许多其他国家早就开始了 5G 商用及相关的研究开发工作。

　　日本计划在 2020 年以后开始推进 5G 商用化,但其实世界上早有其他国家已经开始这么做了。打头阵的是美国,美国通信行业巨头威尔森电信于 2018 年 10 月开始了 5G 商用化,排名第二的 AT&T(美国电话电报公司)也于同年 12 月开始提供 5G 商用服务(虽然当时这些服务都不是面向智能手机的)。2019 年 4 月,威尔森电信开始提供面向智能手机的 5G 服务。此外,也在 2019 年 4 月,韩国的三大电信运营商(SKT、KT、LG U+)同时开始提供面向智能手机的 5G 服务。

### 世界范围内 5G 的研究开发及商用化进展

出处:(日本一般财团法人)多媒体振兴中心 2019 年信息通信月度后援会(第 30 次)会议资料《如何描绘 ICT 的未来蓝图——5G 的最新国外动向》(2019 年 5 月 17 日)

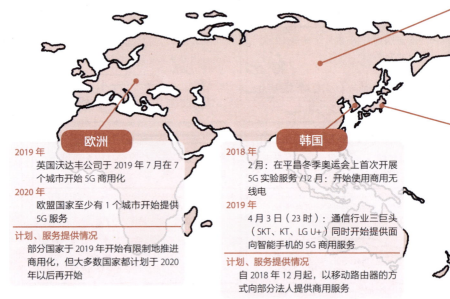

**欧洲**

**2019 年**
英国沃达丰公司于 2019 年 7 月在 7 个城市开始 5G 商用化

**2020 年**
欧盟国家至少有 1 个城市开始提供 5G 服务

**计划、服务提供情况**
部分国家于 2019 年开始有限制地推进商用化,但大多数国家都计划于 2020 年以后再开始

**韩国**

**2018 年**
2 月:在平昌冬季奥运会上首次开展 5G 实验服务 /12 月:开始使用商用无线电

**2019 年**
4 月 3 日(23 时):通信行业三巨头(SKT、KT、LG U+)同时开始提供面向智能手机的 5G 商用服务

**计划、服务提供情况**
自 2018 年 12 月起,以移动路由器的方式向部分法人提供商用服务

2019年11月，中国通信行业三巨头中国电信、中国移动、中国联通三家企业同时开始提供5G商用服务。在欧洲，瑞士最大的电信公司"瑞士电信"于2019年4月开始推行5G网络；英国最大的电信运营商EE公司于2019年5月开始提供5G服务；西班牙的沃达丰公司于2019年6月开始提供5G服务。据公开报道，中东、大洋洲、东南亚及非洲等地区也开始了5G的实证实验及引入工作。按照计划，包括日本在内的许多国家都会在2020年启动5G商用服务。此外，根据瑞典移动通信设备商爱立信公司的推测，截至2024年，应用5G的人数可能将达到19亿人。

02 提前了解！关于5G的基础知识！

### 中国

**2018年**
中国移动在国内17个城市、中国联通则在北京建设基站，构建实验环境

**2019年**
试商用

**2020年**
中国移动：以普及商用化产品为目标
中国电信：在重点城市推行大规模商用
中国联通：商用化

**计划、服务提供情况**
华为于2019年年中正式发布首款5G折叠屏手机 / 中兴通讯计划于2019年上半年在欧洲及中国市场发售5G智能手机"中兴天机Axon10 Pro"

### 美国

**2018年**
10月：威尔森电信开始提供固定无线5G（专属标准）/12月：AT&T公司开始提供移动5G（热点）

**2019年**
4月3日：威尔森电信开始提供移动5G（智能手机）/5月31日：Sprint公司开始提供移动5G/T-mobile公司计划开始提供移动5G

**计划、服务提供情况**
4大运营商都于2019年开始提供5G手机，如 5Gmoto mod（2019年4月）、LG V50 ThinQ（2019年5月）、Samsung Galaxy S10 5G（2019年5月16日）等

### 日本

**2019年**
9月：DOCOMO公司在橄榄球世界杯大赛上提供预服务

**2020年**
计划最晚至东京奥运会开始商用化

**计划、服务提供情况**
2019年4月10日划分5G频段（3.7GHz/4.5GHz/28GHz频段）
2019年夏季以后三家运营商计划提供预服务

关键词 ➡️ ☑ 电信运营商

# 07 日本的 5G 开发现状及未来图景

为面向 2020 年 5G 商用化，日本的四家电信运营商已进行了 5G 频段划分。

2019 年 4 月 10 日，为推进 5G 商用服务的实现，日本总务省公布了对于 NTT DOCOMO、KDDI（au）、软银、乐天 Mobile 四家电信运营商的频段划分。NTT DOCOMO 与 KDDI 各分得三成，软银与乐天 Mobile 则各分得两成，四家公司都计划于 2020 年开始提供 5G 服务。顺便说一句，虽然日本在 5G 商用化方面落后于中国、美国等国家，但在 5G 利用的研究开发上可谓世界领先水平。

## 日本四家运营商的 5G 展开

提出"My Network 构想™"，以 5G 手机为轴心，与扩展现实设备及其他周边设备联动，从而提供最新的服务解决方案。

**NTT DOCOMO**

服务开始时期
2020 年春季

用于特定基站等设备的投资金额
约 7950 亿日元

5G 基站覆盖率
97.0%（日本国内）

※ 设备投资金额、5G 基站覆盖率是至 2024 年年底的目标计划值。

出处：日本总务省《为引入第 5 代移动通信系统（5G）的特定基站开设计划认定（概要）》中的《关于 5G 特定基站开设计划的认定申请概要》（节选）

32

NTT DOCOMO 于 2020 年春季正式开始提供 5G 服务，并率先在 2019 年举办的橄榄球世界杯大赛上提供预服务。KDDI 公司于 2020 年 3 月开始提供 5G 服务，同时进行实证实验，探索利用 VR 技术的旅游服务等，致力于"地方创生"。软银计划于 2020 年 3 月开始提供服务，他们也同时在进行实证实验，探索面向高速公路和建设现场等法人的服务解决方案。后发的乐天 Mobile 于 2019 年才加入移动通信服务，计划于 2020 年 6 月开始提供 5G 服务。该公司称，将首次引入世界范围内的新技术"全虚拟化网络"，一时引发话题讨论。针对各公司的倾向而言，NTT DOCOMO 和 KDDI 主要致力于在产业领域的应用方面进行研究开发，而软银和乐天 Mobile 则优先面向终端用户提供服务。

计划于 2020 年 3 月底发售 5G 终端。在日本全国范围内开展商务开发据点"KDDI DIGITAL GATE"，同时致力于地方创生及社会问题的解决。

开展一系列实证实验，如公路上的自动驾驶车队和建筑机械的远程控制、在福冈巨蛋尝试提供多角度的 VR 观赛体验等。以物联网为轴心，致力于提供面向法人的服务解决方案。

**KDDI/冲绳蜂窝电话公司**
地方创生
服务开始时间
2020 年 3 月
特定基站等设备的投资金额
约 4667 亿日元
5G 基站覆盖率
93.2%（日本国内）

**软银**
服务开始时间
2020 年 3 月左右
特定基站等设备的投资金额
约 2061 亿日元
5G 基站覆盖率
64.0%（日本国内）

**乐天 Mobile**
服务开始时间
2020 年 6 月左右
特定基站等设备的投资金额
约 1946 亿日元
5G 基站覆盖率
56.1%（日本国内）

标榜将充分发挥低引入成本的"全虚拟化网络"的优势，提供低价格的网络服务。此外，乐天集团还宣布将调动其他各项服务，促进 5G 发展。

关 键 词 ➡ ☑ Local 5G

## 08 "Local 5G"是什么?

一些没有运营商提供 5G 服务的地区,还可以使用"Local 5G"。

由于 5G 服务首先在城市地区和人口相对较多的地方推行,因此 5G 要拓展到那些需求相对少的环境或者室内环境的话,估计还需要好几年。如果普及 5G 的进程慢了,那些本就计划较晚推行 5G 的地区可以让当地的自治体或企业自行向无线电管理局申请许可,并在指定场地、建筑物、工地现场、农业用地等限定区域内自己构建 5G 网络,这样也能使用 5G 服务。像这种在限定区域内的 5G 网络,我们称之为"Local 5G",也就是 5G 独立专网(相对于运营商的公网而言)。目前,富士通、NEC 和村田制作所等企业都在开发"Local 5G",计划在工厂和仓库等空间内运用 5G。

"Local 5G" 可以用在这些地方……

● 农业
农场自动化管理等(▶ p102)

● 工厂
智能化工厂(▶ p90)

NTT DOCOMO等电信运营商未取得经营"Local 5G"的资格。这与日本总务省的意图有关,一方面希望这些电信运营商能够优先致力于在全国范围内发展5G,另一方面希望将众多企业引导至5G市场,从而使整个市场具有活力。"Local 5G"有不少优点,比如只要符合条件就能够轻松简单地自建系统,比让运营商来提供5G更方便,还能够降低数据泄露的风险和通信故障的发生概率等。不光是在产业领域,"Local 5G"还能在娱乐领域大显身手,如为举办体育赛事或演唱会的大型体育馆提供多角度观赛(观赏)体验、使演出中运用AR或VR技术的效果更好等。在5G普及阶段,"Local 5G"比运营商提供的5G更能够发挥5G原有的优势。

02 提前了解！关于5G的基础知识！

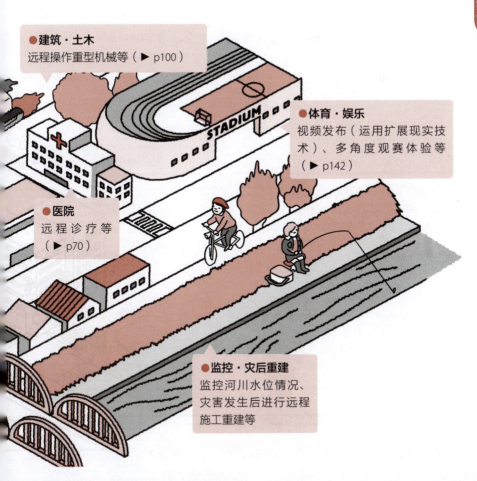

● 建筑·土木
远程操作重型机械等（▶ p100）

● 体育·娱乐
视频发布（运用扩展现实技术）、多角度观赛体验等（▶ p142）

● 医院
远程诊疗等（▶ p70）

● 监控·灾后重建
监控河川水位情况、灾害发生后进行远程施工重建等

35

关键词 → ✓ 商机

## 09 5G 与商业革命

从 3G 到 4G 的转换期产生了大量商机。在向 5G 转换的过程中，应该会产生更多的机会。

现在不少人在操作智能手机和电脑时用的都是 4G 线路。就算只用 4G，也足够使用者浏览网站、使用社交媒体软件、流畅观看视频，很多人觉得并没有什么不便之处。但在 5G 网络下，我们将能够享受更高画质的视频、更高品质的游戏体验等，产生的数据流量自然也相应增加了。根据美国 IT 行业巨头之一的思科发布的数据来看，全球数据流量正在逐年递增，1984 年每个月产生的数据流量约为 17GB，而 2017 年每个月产生的数据流量已经达到了 1217 亿 GB。据估计，2021 年还将进一步增长到

### "工业 4.0" 时代

"第 4 次工业革命（工业 4.0）"是指，现如今随着物联网和人工智能的引入，所有事物都能通过网络相连，产业结构高度化不断实现。

**第 1 次工业革命**
18 世纪至 19 世纪初
诞生了蒸汽机、纺织机，完成了轻工业的机械化

工业 1.0
获得动力机

每个月 278EB[译注]。

今后，全球范围内的物联网化将进一步深入，小至家电、交通信号，大至自动驾驶、虚拟现实等技术，我们身处的环境将完全与互联网相连。发生变化的不只是我们的生活。运用 5G 的智能家居、智能化工厂，乃至"Maas（出行即服务）"和智慧城市等系统，它们的开发和引入都将孕育出无限商机，范围涉及各个行业。此外，5G 产生的效果不光体现在我们的生活和支撑我们生活的系统上，在市场营销、广告宣传、娱乐、旅游、教育、医疗、农业等领域之中，它也将带来前所未有的革新。5G 将来到底会如何改变我们的社会和商业？说它有无穷大的可能性也不为过。

## 从第 1 次工业革命到第 4 次工业革命

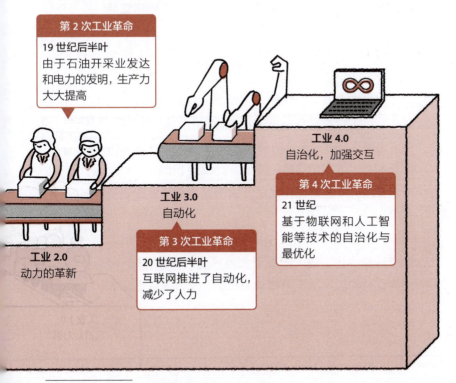

**第 2 次工业革命**
19 世纪后半叶
由于石油开采业发达和电力的发明，生产力大大提高

**工业 2.0**
动力的革新

**工业 3.0**
自动化

**第 3 次工业革命**
20 世纪后半叶
互联网推进了自动化，减少了人力

**工业 4.0**
自治化，加强交互

**第 4 次工业革命**
21 世纪
基于物联网和人工智能等技术的自治化与最优化

[译注] 1TB=1024GB，1PB=1024TB，1EB=1024PB ——译者注

专栏 02

# 5G 与 LPWA

现在许多家庭和设施内一般都会采用 Wi-Fi 的方式连接互联网，但也有人指出 Wi-Fi 在通信质量和信息安全等方面存在着不稳定的因素。于是随着物联网在各种社会基础设施中的普及，LPWA（Low power wide area，低功耗广域技术的简称）与 5G 一同受到了世人的关注。

LPWA 的数据通信速率较低，只有几 Kbps 到几百 Kbps 的程度，但它所消耗的电量也低，电池供电的设备使用寿命有可能达到十年以上，数据传输范围也很广，可支持周围几公里到几十公里的通信。今后，在对通信速度有高要求的情况下使用 5G，而在通信速度低一些也不产生问题的情况下则使用 LPWA，如此二者并用，将能够以无线的方式满足各式各样的通信需求。

当前 LPWA 的普及主要集中在北美和欧洲地区，但今后应当也会进一步在亚太地区普及，与 5G 共同成为支持物联网的不可或缺的技术，逐渐渗透进整个社会。

# Chapter 02 术语解释　　关键词

☑ KEY WORD
## 3.5G、3.9G（LTE）(P.21)

　　3.5G 是一项通信速率比 3G 更快的通信技术，也是 HSPA（HSPA High-Speed Packet Access，高速分组接入）的别称。软银推出的高速数据通信服务"Ultra Speed"采用的正是这项技术。3.9G 的通信速率则比 3.5G 更快，很多人所熟知的由 NTT DOCOMO 推出的网络服务"Xi（读音为 Crossy）"采用的正是 LTE 技术。此外还有"AXGP""Mobile WiMAX"等服务在通信技术上也属于 3.9G。

☑ KEY WORD
## LTE-Advanced、WiMAX2 (P.21)

　　LTE-Advanced 是比 LTE 通信速率更快、数据容量更大的一项通信技术，最大下行速率可达 3Gbps，最大上行速率可达 1.5Gbps，于 2015 年左右开始普及。WiMAX2 由 UQ Communications 提供，通信速率比 WiMAX 更快，其最大下行速率达 330Mbps，最大上行速率达 112Mbps，可在行驶速度为时速 350 公里的高铁上使用，它和 LTE-Advanced 在分类上都属于 4G。

☑ KEY WORD
## 电信运营商 (P.32)

　　这也叫作 MNO（Mobile Network Operator，移动网络运营商），是指有自己独立的通信线路的通信行业从业者。有时也常把手机公司叫作"Carrier（运营商）"。在日本，被称作"Carrier"的一般是指 NTT DOCOMO、KDDI 和软银三家公司。乐天 Mobile 于 2019 年进军移动电话行业，成为日本第四大电信运营商。

☑ KEY WORD
## 全虚拟化网络 (P.33)

　　英文全称"Network Function Virtulization"，简称 NFV，也被叫作"网络功能虚拟化"。以往的手机网络要有专门的硬件运行网络服务（例如路由器、防火墙和负载平衡器等）才能使用。而全虚拟化网络则不需要使用硬件，借助通用的服务器，运行软件使之承担硬件的功能，从而构建移动电话网络。通过这种方式，有望减少初期投资成本和维护费用，终端用户所承担的通信费也将进一步减少。

☑ KEY WORD
## EB（exabytes，艾字节）(P.37)

　　计算机信息技术是用于计量存储容量的计量单位之一。数据的存储单位从小到大的排列顺序是：Bit、Byte、KB、GB、TB、PB、EB。1EB 约为 10 亿 GB，约为 100 万 TB，约为 1000PB。

39

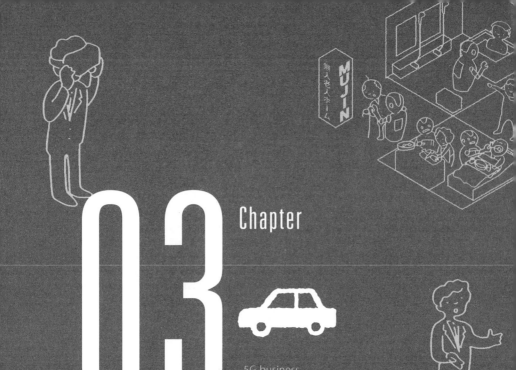

## Chapter 03

5G business
mirudake note

第3章

## 有了5G,未来会是这样!
# 交通与物流篇

在 5G 带来变革的诸多领域中，"交通"无疑是最令人期待的领域之一。随着 5G 登场，很早之前就有人研究的"自动驾驶"终于开始显露其实现的可能性。在本章，就让我们来展开"交通与物流"的未来画卷吧。

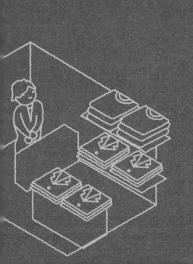
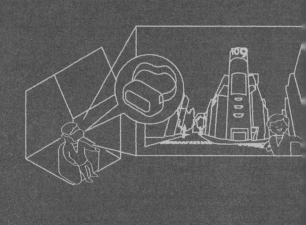

关键词 ➡ ☑ 自动驾驶

# 01 5G 带来的 "交通与物流" 革命

全自动驾驶有助于解决驾驶员老龄化及物流业人手不足的问题。

在 5G 带来的诸多变革之中，交通领域的变革备受期待，尤其是关于自动驾驶技术。5G 的 "高速率大容量" 和 "连接设备多" 的特点对于实现行驶中的车辆实时收发数据信息来说至关重要。随着自动驾驶的不断升级，我们也许能够看到这样的光景：在远程操作下，无人车在没有堵塞的道路上一路畅通；无人卡车在高速公路上畅快飞驰……这一技术也许有助于解决运输业中存在的人手不足及日益严重的驾驶员高龄化问题。

## 自动驾驶的级别

**完全由驾驶员操作**

相当于普通车辆，完全没有系统的介入，一切操作都依赖于驾驶员

**系统能够为转向或加速减速提供辅助**

在探知车辆是否偏离车道、为车辆转向提供辅助、调整车速以与其他车辆保持一定间距这几种功能中，系统能够提供其中一种

**系统能够为转向和加速减速提供辅助**

同时具备 1 级的各种辅助功能。许多汽车厂商的新车都搭载了 2 级的自动驾驶。

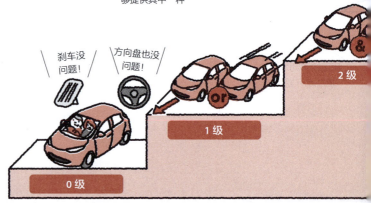

看到"自动驾驶"这几个字，很多人想到的都是只需自己坐在车上，车辆自己能开到目的地。不过这样的车辆恐怕还需要很久才能够被允许上公路。自动驾驶从 0 到 5，共分为 6 级。根据现行的道路交通法，能够开上公路的最多只能到 2 级。机器操作的只有转向和加速减速功能，而驾驶的主体仍然是驾驶员。严格来说，这应该叫作"部分自动驾驶"。考虑到自动驾驶投入使用后的安全问题，日本政府颁布了《改正道路运输车辆法》，制定了安全标准。如果法案的颁布顺利促进了自动驾驶的实用化，允许开上公路的自动驾驶等级也许能到 3 级。为实现全自动驾驶，需要完善相关法律，还有诸多待解决的问题。不过可以肯定的是，自动驾驶确实正向着未来前进。

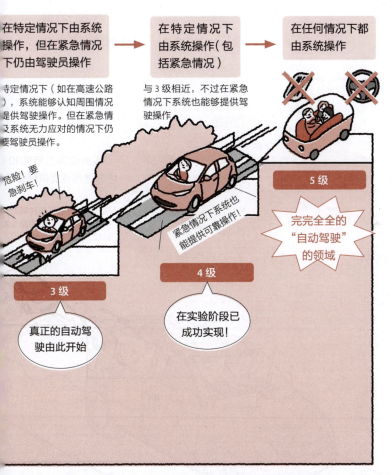

关键词 ➡ ☑ 紧急报警、车联网保险

## 02 "智能互联汽车"是什么?

智能互联汽车不仅能够救人性命、预防盗窃,未来还能大大减少交通事故的发生。

智能互联汽车指的是长时间连接互联网,并且具备信息终端设备功能的车辆。换言之,车辆自身就是一台通信终端。智能互联汽车越多,行驶中的同类车辆就能够通过互联网即时分享道路交通状况,从而减轻交通堵塞、减少交通事故数量。此外,智能互联汽车还在逐渐引进自动紧急报警系统,在交通事故发生时能自动向警察局或消防局发送信息。如果 5G 能够在这种情况下充分发挥作用的话,想必一定能大大提升拯救生命的速度。

现在的系统已经发展到可以为车主被盗的车辆提供自动追踪，显示其当前位置。智能互联汽车甚至还为汽车保险领域带来了革新。大多数汽车保险都是车辆行驶总里程数越低、保费越少，但随着 5G 的引入，将能够收集到更全面而详细的数据，如油门和刹车的使用情况、驾驶情况、行车记录仪拍摄的视频等。从这些数据中可以看出驾驶员的驾驶技能如何、驾驶时的精神集中度及是否存在危险驾驶的情况。保险公司可以此为基准对驾驶员的安全程度做出评价，从而制定更合理的保费。这也是许多保险公司对"车联网保险"做出的初步探索。保险公司的评价行为有望提高驾驶员的安全驾驶意识、减少交通事故数量。

## 智能互联汽车的机制

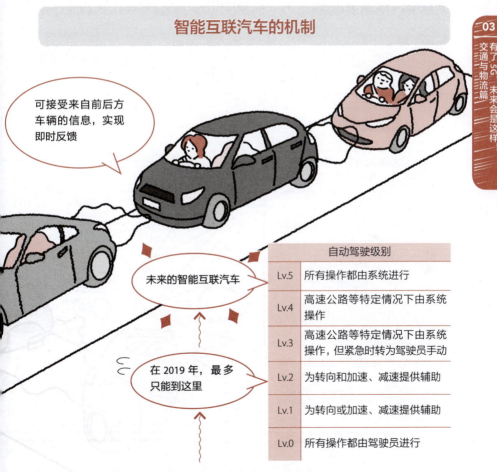

| 自动驾驶级别 | |
|---|---|
| Lv.5 | 所有操作都由系统进行 |
| Lv.4 | 高速公路等特定情况下由系统操作 |
| Lv.3 | 高速公路等特定情况下由系统操作，但紧急时转为驾驶员手动 |
| Lv.2 | 为转向和加速、减速提供辅助 |
| Lv.1 | 为转向或加速、减速提供辅助 |
| Lv.0 | 所有操作都由驾驶员进行 |

关键词 ➡ ☑ 数字外后视镜

# 03 "ADAS"是什么?

"ADAS"为车辆安全而生,5G技术的利用将给它陆续增添新的功能。

ADAS(Advanced Driving Assistance System, 高级驾驶辅助系统)指的是包含自动刹车和防止车辆自动启动等装置、保障车辆安全的一系列功能和系统。例如,驾驶员没有注意到前方行驶的车辆突然停止,这时自动刹车系统就会启动,给予驾驶员警告。像这样,ADAS可通过分

## ADAS的机制

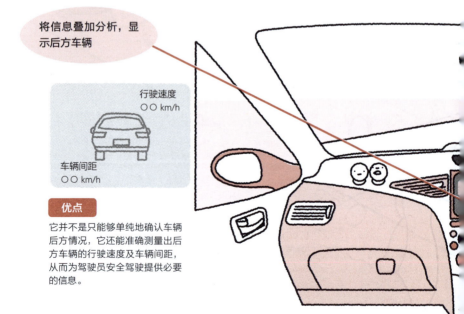

后方

将信息叠加分析,显示后方车辆

行驶速度
○○ km/h

车辆间距
○○ km/h

**优点**
它并不是只能够单纯地确认车辆后方情况,它还能准确测量出后方车辆的行驶速度及车辆间距,从而为驾驶员安全驾驶提供必要的信息。

析来自车载传感器和摄像头的信息，向驾驶员发出警告并及时对驾驶做出掌控，从而防患交通事故于未然。

有了 5G 的加入，想必 ADAS 的功能肯定会更上一层楼。丰田汽车公司于 2018 年开始销售的雷克萨斯 ES 系列中的最高级别车辆搭载了数字外后视镜。虽然以往安装在后视镜部位的摄像头也能够将影像内容投射到车内的屏幕上，但如果能够利用好 5G 技术，那么就能为驾驶员提供更加详细的信息，如后方车辆的行驶速度及车辆间距等。此外，致力于研究开发汽车零部件的法雷奥集团（Valeo）公布了一项新技术，可以将前方车辆拍摄到的影像信息实时发送到自己车内，从而获取更加宽阔的视野。中国的新兴汽车生产厂商拜腾公布了他们的"BYTON Life"技术，可以给车辆搭载播放音乐和视频，还有语音输入和自动检索等功能。在 5G 时代，想必 ADAS 作为一个车辆新功能平台会有更多精彩表现。

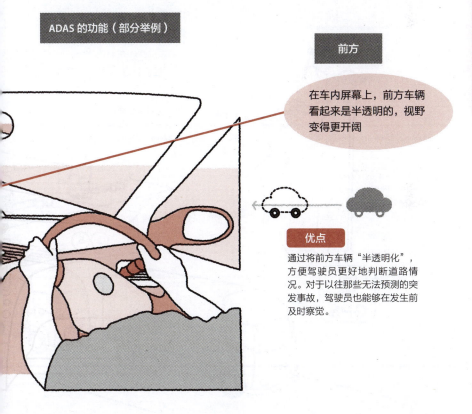

ADAS 的功能（部分举例）

前方

在车内屏幕上，前方车辆看起来是半透明的，视野变得更开阔

优点

通过将前方车辆"半透明化"，方便驾驶员更好地判断道路情况。对于以往那些无法预测的突发事故，驾驶员也能够在发生前及时察觉。

关 键 词 ☑ 无人驾驶卡车

## "自动驾驶车队" 解决司机不足的问题

**04**

领头车辆通过 5G 传送信息,帮助后面的车辆自动驾驶。

运输业司机不足的问题日益严重,可以说已经成了一个社会问题。由于网购普及等因素的影响,对于物流的需求越来越大,司机不足的问题也凸显了出来。日本国土交通省和经济产业省认为,自动驾驶的应用有助于解决此类问题,于是主导了一系列实证实验,尝试让多辆卡车排成纵队自动驾驶,也就是所谓的"自动驾驶车队"。只有在前面领头的车辆是由司

### 解决运输业人手不足的机制

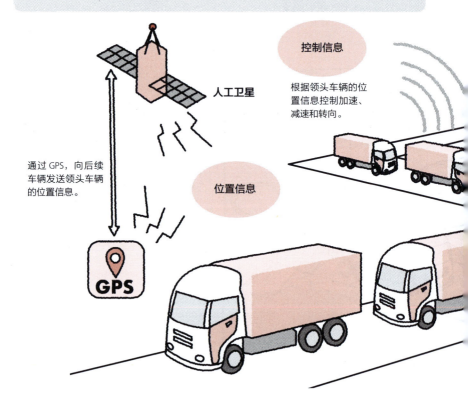

人工卫星

控制信息
根据领头车辆的位置信息控制加速、减速和转向。

通过 GPS,向后续车辆发送领头车辆的位置信息。

位置信息

GPS

机驾驶的，系统让后面的车辆自动跟踪领头车辆。后续车辆根据领头车辆发送的信息自动控制，保持一定的车辆间距或变换车道。

软银于 2019 年在高速公路上成功地进行了自动驾驶车队的实验：将 3 台卡车编为一队，以 70 公里的时速在高速公路上行驶，并用 5G 网络分享彼此的位置和速度等相关信息。后续车辆根据接收到的信息保持车辆间距和队形，配合领头车辆加速、减速或转向，一共行驶了 14 公里。软银同时还进行了将后续车辆上搭载的高清摄像头拍摄的高画质视频信息实时发送给领头车辆的实验。据闻，如果相关基础设施（如在高速公路上设置专用交通车道）建设顺利进行的话，我们最早能在 2020 年看到无人驾驶的卡车排着队在路上行驶的样子。投入应用之后，不只解决了司机不足的问题，还顺带降低了运输成本、减轻了交通拥堵压力，甚至有助于预防交通事故发生。

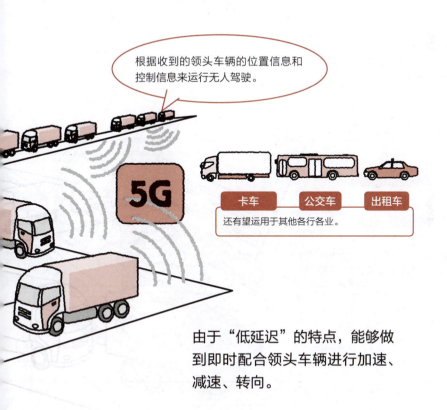

关键词 → ☑ 在有人地区的上空飞行、远距离操作

# "无人机配送"与 "UGV（无人地面车）"

伴随着 5G 的不断实用化，也许将来快递会在空中投递，最终机器人会把快递送到你手中。

作为一种全新的物流形式，"无人机配送"备受关注，并且已在一些孤岛和偏僻山区等无人地区进行了实验。乐天和西友百货于 2019 年在日本首次开始运用无人机提供商业服务。据闻，在神奈川的无人岛上用 APP 刚一下单，无人机就从对岸带着商品飞了过来。虽然这只是面向无人岛游客提供的限时服务，但从日本政府发布的消息来看，政府正在推进相关的法律制定，以期在 2022 年实现无人机在有人地区的上空飞行。相

## 无人机配送即将成为现实

**无人机配送**

"在空中飞翔"
物流最后一公里

**优点** 由于无人机可以量产，因此可有效减少人工费用，解决人手不足的问题。此外，因为不受地面交通情况的影响，配送的效率将显著提高。

**缺点** 由于无人机可能发生故障，坠落时会给行人或建筑物造成损害，因此无人机的控制者需要具备远程操作的能力，取得相应许可。

信在不久的将来，我们就能看到快递从空中飞来的情景了。

除了无人机之外，作为新世纪配送工具而备受关注的还有在地面上进行配送的机器人 UGV（无人地面车）。虽然根据现行法规还不允许 UGV 在公路上行驶，但乐天已在一些大学校园内开启了实证实验。也许在将来某一天，UGV 就能够把快递配送到个人住址了。通过无线通信网络，操作者可以对无人机和 UGV 进行监控和远程操作，这也就是所谓的"自动运转装置"。随着 5G 进一步实用化，它们的便利性肯定也会不断上升。有了 5G，完全有可能对无人机上搭载的摄像头发来的视频信息进行实时处理，从而顺畅地确认着陆地点的安全情况；而对于 UGV 来说，借用 8K 极高清摄像机的高精度认证，5G 也许可以帮助其识别每一位顾客的面部特征或进行身份认证。5G 将给"送货上门"带来翻天覆地的变化。

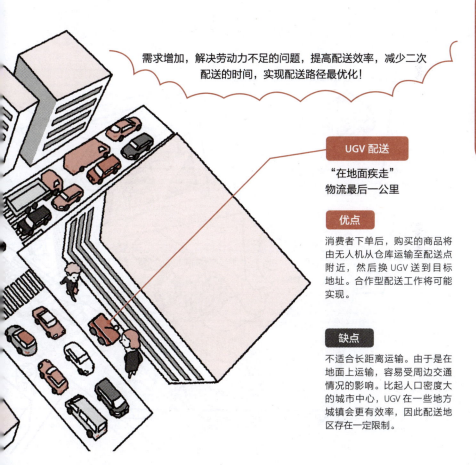

需求增加，解决劳动力不足的问题，提高配送效率，减少二次配送的时间，实现配送路径最优化！

**UGV 配送**

"在地面疾走"
物流最后一公里

**优点**

消费者下单后，购买的商品将由无人机从仓库运输至配送点附近，然后换 UGV 送到目标地址。合作型配送工作将可能实现。

**缺点**

不适合长距离运输。由于是在地面上运输，容易受周边交通情况的影响。比起人口密度大的城市中心，UGV 在一些地方城镇会更有效率，因此配送地区存在一定限制。

关键词 ➡ ☑ 远程控制

## 06 远程监控与自动驾驶的案例

自动驾驶的车辆将受到远程监控，万一有突发情况，操作人员可进行远程控制以回避危险。

如前文提到的，自动驾驶共分为 6 个等级。从 4 级开始，系统就能够执行一切驾驶操作了，但为了以防万一，还是需要有远程监视系统。2019 年，KDDI 和几家公司共同进行了远程监视的实验。自动驾驶汽车用 5G 将影像资料发送至远程管制室，由专职员工对其进行监视。如果自

### 即将实现的自动驾驶技术

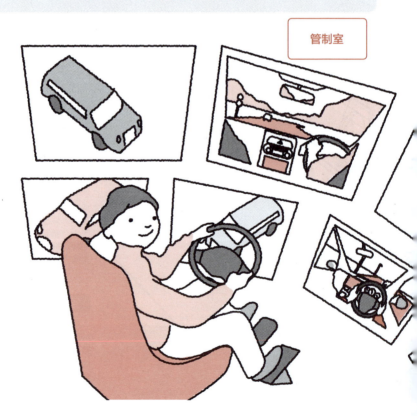

管制室

动驾驶汽车探知到障碍物之类的东西，操作人员就可以及时进行远程控制。通过管制室内配备的把手、刹车、加速器等部件进行远程操作，而这些指令也将经由5G发送给自动驾驶的使用者。

公交行业和出租车行业也正在进行关于自动驾驶实用化的相关尝试。对于那些住在因司机不足导致公交线路废止的地区的居民和那些因高龄而不便驾驶的老人们来说，基于远程监控的无人驾驶公交和无人驾驶出租车十分令人期待。当前，日本已经有一些地方自治体展开了无人驾驶公交的实证实验。日本IT企业巨头之一的DeNA自2015年起与日产汽车合作，共同开发完全无人驾驶出租车"Easy Ride"，目前也已进入实证实验阶段。此外，从事自动驾驶系统开发的Tier IV此前发表消息称，2020年将与丰田汽车共同进行自动驾驶出租车"JPN TAXI"的相关实证实验。

03 有了5G，未来会是这样！ 交通与物流篇

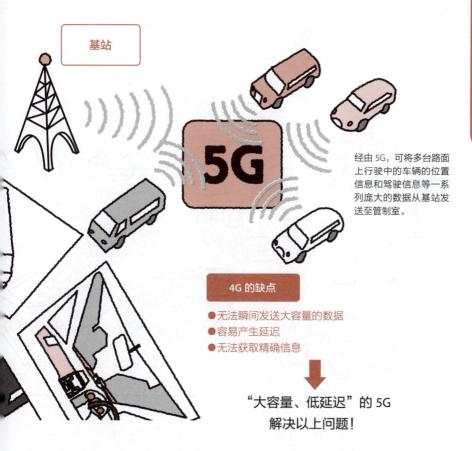

基站

经由5G，可将多台路面上行驶中的车辆的位置信息和驾驶信息等一系列庞大的数据从基站发送至管制室。

4G的缺点

● 无法瞬间发送大容量的数据
● 容易产生延迟
● 无法获取精确信息

"大容量、低延迟"的5G
解决以上问题！

关键词 ➡ ☑ MaaS专用APP

# 07 "MaaS"是什么?

5G将所有的交通工具连为一体,完全有可能让我们的出行自由而轻松。

MaaS,英文全称为"Mobility as a Service",中文意为"出行即服务"。这是一项新时代的交通服务,通过利用信息通信技术,将所有的交通手段无缝地连接在一起。从地铁、公交、出租车到拼车,甚至是共享单车都彼此相连。该服务旨在让用户有更高效而便利的使用体验。在欧洲一些国家已经出现了MaaS专用的APP,可以说MaaS的实用化已经开始了。在

**去哪里?全交给导航吧!**

现在

真麻烦啊……

出租车
飞机
高铁
公交车
地铁
租车

选择什么交通工具,全靠用户自己。

以往常常需要用户亲力亲为,自己去确认飞机和高铁等交通工具的时刻表以及订票等。

日本，丰田汽车和铁道公司也正展开合作，共同提供相关服务，为真正实现 MaaS 而努力。

打开手机上的 APP，检索、预约、支付，MaaS 包含了这一整套流程。通过发挥 5G 的"大容量特点"，可从与交通情况相关的庞大数据中准确匹配用户需要的信息。此外，随着 MaaS 的普及，如果自动驾驶技术也进一步完善的话，相信自动驾驶公交、自动驾驶出租车，甚至是无人驾驶车辆拼车等服务都将成为 MaaS 的一部分。就算发展不到那种地步，现在的 MaaS 也可以帮助那些住在用不上公共交通工具的偏僻地区的用户，轻松解决他们的出行问题。高龄者的出行难题也能够"一键解决"。日本国土交通省表示，高龄者外出越活跃，对其健康状况的改善就越明显，并且对于整个地方的经济活力也会有积极作用。

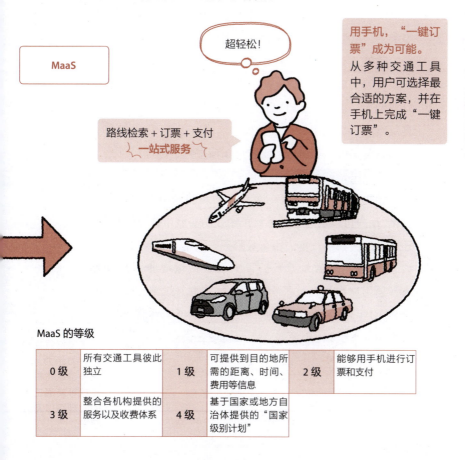

MaaS 的等级

| 0 级 | 所有交通工具彼此独立 | 1 级 | 可提供到目的地所需的距离、时间、费用等信息 | 2 级 | 能够用手机进行订票和支付 |
|---|---|---|---|---|---|
| 3 级 | 整合各机构提供的服务以及收费体系 | 4 级 | 基于国家或地方自治体提供的"国家级别计划" | | |

# MaaS 在全球的现状

说起世界上最有名的 MaaS 系统，就不得不提美国的打车应用开发商 Uber。现在 Uber 提供的服务已遍及世界上多个国家。同样的，摩拜单车也已经在新加坡和英国等多个国家提供共享单车服务，逐渐扩展业务范围。

此外，芬兰的 MaaS 服务商也十分发达。2018 年，一家名为"Whim"的企业开始提供一种新型出行服务。只要输入目的地，APP 马上就能给出需要使用的交通工具及路线，提供多种方案供用户选择。该 APP 还包含了共享单车和拼车等服务，支付也在该平台上进行。

在德国，戴姆勒集团下的子公司"Moovel"于 2015 年开始提供一款综合型交通 APP，可将城市内的交通最优化。用户可以通过它的系统预约或购买城市公交的车票，还可以预约共享汽车、租车等服务。仅用了 1 年的时间，该 APP 的用户数量就增长了 71%，数量增加了 200 万人，总用户数量超过了 500 万。德国联邦铁路（DB）也于 2013 年开始用一款名为"Qixxit"的交通工具信息应用，将火车、飞机和长途公交等工具都收在该应用内。

Chapter 03

# 术语解释    关键词

☑ KEY WORD
## 《改正道路运输车辆法》（P.43）

在日本，与道路交通相关的法律有《道路交通法》和《道路运输车辆法》，2019年5月日本对两法做出了修订，假设了AI等系统将替代驾驶员进行"认知、判断、操作"的情况，并针对此情况调整了相关的法律条文。修订后的法律定义了"自动运行装置"，最值得注意的是还规定了该装置应遵循的安全标准。除此之外，还规定了自动驾驶程序的改写需经批准、领取许可证后方能进行，以及由哪一部门对技术信息进行管理。自动运行装置也成了法律调整的对象，而且汽车生产厂商等机构有义务为接受检查提供需要的信息。

☑ KEY WORD
## 法雷奥集团（Valeo）（P.47）

法雷奥集团是一家总部位于法国的汽车零部件供应商，业内能力世界领先，正在不断探索5G时代的自动驾驶技术。作为其中的技术之一并经过公路实证，法雷奥在"2019东京汽车展览（Tokyo Motor Show 2019）"上展示了一项名为"Drive4U Remote"的远程控制自动驾驶技术。有了该技术，当车辆自身的行驶控制系统失灵时，作为应对紧急情况的解决方案，可通过5G线路远程让他人进行实时遥控，代替驾驶车辆。

☑ KEY WORD
## UGV（P.51）

UGV，英文全称"Unmanned Ground Vehicle"，中文意为"无人地面车"，主要指的是以配送为目的的机器人。一般来说，其高度在100厘米左右，装载量在50公斤以下。现在有许多大学和企业正在进行相关的实证研究，由于人工智能和物联网技术的发达，UGV也开始受到越来越多的关注。由于技术不断成熟、实证研究进展顺利，UGV的知名度也越来越高。2019年，UGV在日本一些城市的公开道路上进行了实证实验，相关信息正式解禁。可以预见到，接下来将会进行关于碰撞事故的安全预防、发生碰撞事故时的责任认定与赔偿、对于安全系统的管制等问题的讨论，使得UGV距离投入应用更近一步。

☑ KEY WORD
## Easy Ride（P.53）

这是DeNA与日产汽车合作提供的多种出行服务中的一种，很好地运用了互联网和人工智能等技术。用户在手机上下单，经系统调配，完全无人驾驶出租车将用户送至目的地，并且有管理中心对驾驶情况进行24小时监控。此外DeNA还曾试运行过一项名为"Robot Shuttle"的服务，用无人驾驶巴士将乘客从最近的交通枢纽运送至目的地，移动距离较短。为早日将此类服务投入使用，DeNA正在积极进行研究开发。

☑ KEY WORD
## Tier IV（P.53）

2020年东京奥运会上计划运用丰田汽车生产的"e-Palette"自动驾驶巴士，最大载客量为20人。在有轮椅的情况下，可最多同时乘坐4台轮椅，还留有7人的站立空间。负责该自动驾驶巴士的核心部分（也就是自动驾驶技术）的公司于2015年成立，是一家由名古屋大学研究人员设立的创新企业。由该公司开发的"Autoware"是世界上第一款用于自动驾驶汽车的"一体化"开源软件，有超过200家公司使用，软件处于领先地位。该公司开发的自动驾驶技术已成功将最终到达地点与目的地之间的误差缩小到了10厘米之内。

# Chapter

## 04

5G business
mirudake note

第4章

# 有了5G，未来会是这样！
# 医疗护理篇、
# 安全保障篇

日本现在的人口越来越向城市地区集中，一些地方的人口过疏问题不断加重。早日实现远程医疗已成为日本面临的紧迫问题。

5G 还可以让安保工作更加省力省人，有望在人工智能技术的配合下让安全保障迈向新的高度。

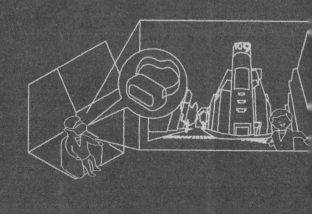

关 键 词 ☑ 远程医疗

## 01 5G带来的"医疗护理"革命

5G的"高速率大容量"特点将为医疗人员进行极为精细的操作提供支持与强化。

去医院看医生、接受治疗,消耗的不只是金钱,还有大量的时间。去医院的路上就要花时间,然后挂号、候诊,好不容易轮到自己,有时候还因为缺少检查资料或者病历而不得不重新来过。而且在日本,如果你去的那家医院没有合适的专家,那你还得拿着医生给的介绍信去另一家医院。有时就算病情严重到了分秒必争的情况,患者仍然要受到物理上和时间上的种种限制。要解决此类问题,必须要利用5G的特点之一——无线通信的高可靠性。

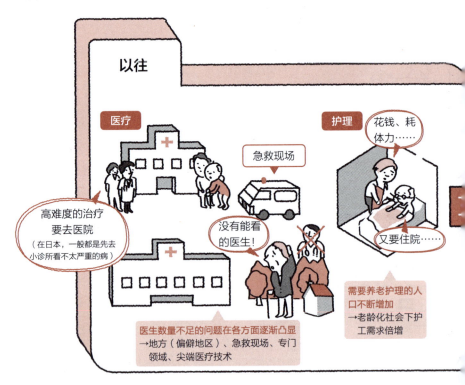

如果庞大的数据能够"高速率、高可靠、低延迟"地进行传输，那么过去面对面才能进行的许多事项就有可能在线上实时进行，从而真正实现"远程医疗"。此外，通过长期收集、管理个人的生命体征信息（如心电图、血压等）和位置信息，有助于个人在医疗和护理方面接受更好的服务。通过参考权威医生建议和利用人工智能技术等，就算是困难的手术或罕见的病状，患者也能够在平时常去的医院接受治疗。由于5G通信在行驶中的交通工具上仍有很高的可靠性，在救护车内接受医生指令进行治疗是完全有可能实现的。5G可传输数据容量大，这一特点可用于传输来自超高清摄像头的影像信息，有望在问诊和手术中发挥辅助作用，甚至还可以利用无人机和设置在医院屋顶的摄像头从空中及时了解医院周边的交通状况。

**5G**

- 可以进行专科手术
- 实时提供指导
- **远程医疗支援**
- 共享尖端医疗技术
- **实现！**
- 省去患者移动的麻烦
- 在家也能看医生
- 距离不是问题
- 传感器和摄像头负责监控病情
- **在线诊疗**
- 可以学到技术！
- 培养新型人才
- **辅助护理**
- 异常情况发生时，即刻报告医院
- **提升急救现场医疗高度**
- 护理时的体力活就靠"动力辅助服"（Power Assist Suit）！
- 可远程进行紧急处理
- 高清画质，便于指示
- 行驶中也能进行处理

04　有了5G，未来会是这样！医疗护理篇、安全保障篇

关键词 ➡ ☑ 在线诊疗

## 02 "在线诊疗"解决医生不足的问题

即便医生和患者分隔两地，也能让医生面对面地给患者看病。

看病时，医生需要获取关于患者的种种信息，如患者的表情和脸色、症状的位置和状态、气味、交谈时的反应速度等，从而做出综合判断。通过利用电子病历、X光、各种医学影像及带有高清摄像头的高音质可视电话，足以构建起一个接近于面对面观察的诊疗场景，即便医生和患者分隔两地。对于那些住在医生数量少的地区的、距离医院远的患者，那些不方

### "在线诊疗" 解决医疗水平差距

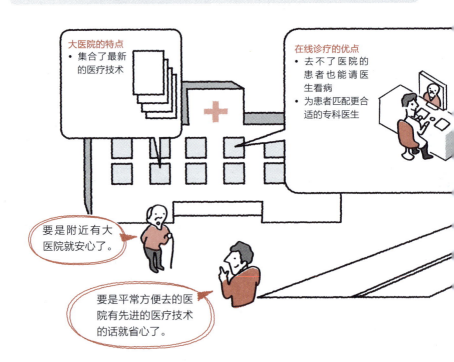

大医院的特点
- 集合了最新的医疗技术

在线诊疗的优点
- 去不了医院的患者也能请医生看病
- 为患者匹配更合适的专科医生

要是附近有大医院就安心了。

要是平常方便去的医院有先进的医疗技术的话就省心了。

便驾车去医院的患者,还有那些因伤而出不了家门的患者,"在线诊疗"可以让他们不必奔波,在家里就能请医生看病。

不只是医生与患者,医生与医生之间也可通过 5G 相连,从而解决疑难病症。比如患者在线上接受了自己常去看的医生的诊疗,此后该医生还可再与其他专科医生讨论病状。彼此之间共享患者接受诊疗时的数据,从而做出更可靠的判断。

在偏僻地区工作的医生如果想要学习新技术,以前往往要特地跑去大城市的医院或者是海外的医疗机构进修。但只要有了 5G 的"大容量、高速率",比如需要用到内视镜的精细手术这类,医生也完全可以进行远程学习。

远程诊疗和远程医疗教育,不只是给医生、患者、正在接受培训的年轻医生们带来巨大好处,还有助于缩小地方之间的医疗水平差距。

关键词 → ☑ 远程手术指导

# 03 "远程手术"
## ——接受来自名医的指导

数据通信的速度和稳定性都有了较大提升之后,医生将能够从外部操作手术机器人进行手术。

即便是在手术进行中,患者的病情也在时刻发生变化,这时候就需要医生做出判断,选择最合适的方案进行手术。而为医生做出判断提供辅助的,正是"手术指导"。比如目前,在手术进行过程中,可将手术部位放大后的影像或者术前做好的肿瘤和血管的信息投影至专门的大屏幕上。进入 5G 时代后,此类辅助的精确度将进一步提升。此外,进行切除恶性肿瘤等高难度手术时,可由"导航(navigation)"接收来自权威医生和机

### 远程手术指导的不断升级

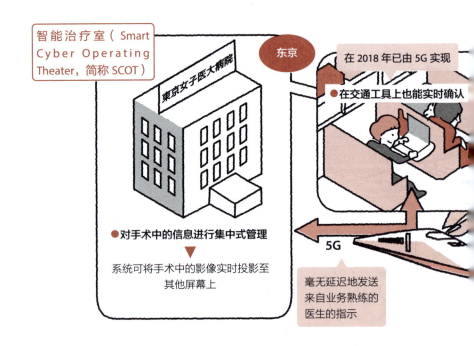

器的指导，保证在安全范围内进行切除。相信 5G 能够让医疗品质更上一层楼。

如果能远程操纵导航系统，那么医生之间的合作将更加高效，可以通过远程手术指导完成难度系数更高的手术。

此外，手术现场最重要的就是医生的应变能力，而 5G 通信机器人能够很好地满足这一要求，医生能够从外部操纵机器人在患者体内进行手术。由于是无线通信，没有电缆妨碍医生进行手术，只要配备好以往需要用到的器材，就能够打造出一间可远程接收控制的手术室。得益于 5G，我们也完全可以在现有的医院中改造出一间用于远程操作的手术室，不必大费周章。

虽然美国在 1999 年就已经开发出了机器人手术，但需要医护人员都集中到一个地方，而现在已经可以做到远程操作机器人进行手术了。相信 5G 在医疗现场还能够发挥更大的作用。

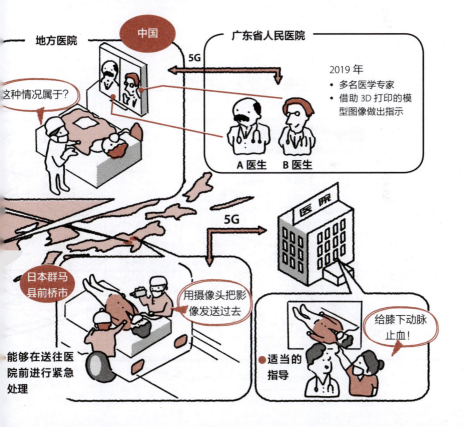

关键词 ➡ ☑ 护理机器人

## 04 "护理机器人"拯救老龄化社会

为提供护理的人和需要护理的人分别提供最适合的机器人，从而改变护理现场。

在 5G 网络下，如果传感器获得的信息（如温度、振动）触发了系统分析、判断，那么系统能够在此基础上瞬间给出反馈。5G 的这一特点能很好地与机器人技术结合到一起，特别适合接受护理的一方，可以为他们的日常行动提供良好辅助。举例来说，老年代步车将有望进一步机器人化，只需使用者指尖轻轻一点就可操作，这会是十分安全的出行手段。GPS 对手机进行定位，从而可以实时确认老年使用者所处位置。此外，机器人化的老年代步车还拥有在危险情况（如翻车、拐带等）发生时及时介入的功能。

### 在 5G 作用下，护理机器人将在更多地方发挥作用

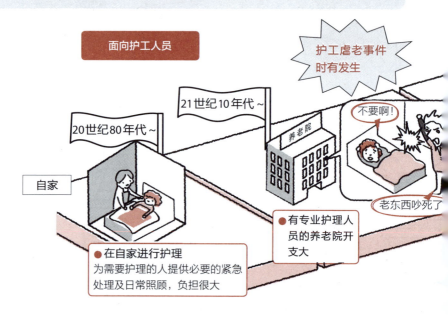

为确保护工人员能够安全地进行一些重体力工作，现已开发出了一种叫作"动力辅助服（Power Assist Suit）"的装置，其中要数Cyberdyne公司开发的HAL（外骨骼机器人）最为有名。这种装置可以捕捉人在调动肌肉时由大脑发出的微弱生物电流，并从外部提供辅助。在碰到对护工人员的力量有要求的情况（如把受护理者从床上搬到轮椅上）时，它就能很好地发挥作用。此外，只有1名操作者也能够做到对多个护理机构的护理机器人进行控制。"Telexistence（远程存在）"是一种让机器人接受并复制来自远程操作者的动作的技术，而5G网络将能使之完成更为精细的动作。如果这种远程操作真正实现了，护工人员就能远程回应护理现场的各种需求，从而有助于解决护理现场人手不足的问题。

关键词 ➡ ☑ 超级救护车

## 05 云与人工智能，为紧急医疗提供支持

5G"高速率""同时连接设备多"的特点能够更好地传输数据，从而促进"运送·诊断·治疗·记录"一体化。

在救护车上，驾驶员需要参考车辆导航选择路线；医生和医务辅助人员则要保持手机通话，以声音的方式进行急救处理。

以往在救护车上能传输的数据有限，如患者的心电图、超声检测结果等。但在 5G 时代下能传输的数据更详细，还能将图像资料实时与多位对象共享，从而让医生能给出更准确的诊断，人工智能也能更迅速地检索过去的病例。同时，导航可根据实时交通情况，计算出前往医疗机构的最安全线路；急救系统可将患者的情况与过去的医疗数据进行比对。

5G 对于电子病历共享来说是一项很有用的技术，急救人员可以瞬间

### 急救医疗的未来图景

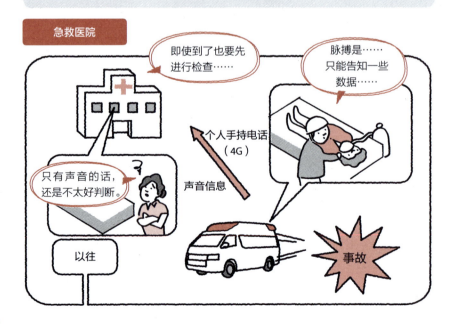

掌握患者的基本医疗信息（如身份信息、年龄、血型等）和一些细节信息（如常去的医院、治疗经历、既往症、过敏史等）。

举例来说，就算患者本人因发生事故而陷入失去意识的状态，只要能根据其身份证件获取到他的电子病历，急救人员就能掌握治疗所需的相关信息，如患者血型、以往服用过什么药物、对什么过敏等。

更进一步说，如果将来"超级救护车"实现了，那么在将患者送往最合适医院的途中，急救人员就可以将详细的心电图和超声医学影像实时发送给正在前往的医院。通过提前共享信息，缩短检查和医院接手的时间，从而减轻急救现场的负担。

相信5G将会造福更多的患者，为他们争取到治疗的时间。

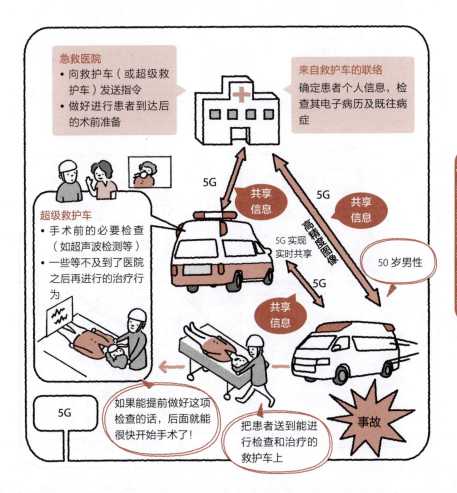

关键词 ➡️ ☑ 监视、监护

# 5G 带来的"安保"革命

在大容量通信下,多台 4K 摄像头产生的数据可以毫无阻碍地进行传输。通过配合使用无人机和机器人,可为我们带来更多"自由移动的千里眼"。

5G 的"高速率、大容量"特点能够大大强化监控摄像头的种种功能。通过共享 4K 摄像头的监控视频,人工智能可及时发现可疑行为并上报,还能够实时与罪犯信息进行比对,大大提高监控功能。

此外,5G 还能为警务现场提供支援,如强化警察随身携带的微型摄像头、微型麦克风等设备的功能。

如果 5G 技术足够成熟,也许能用人工智能控制无人机和机器人,代

## 5G 将提升安保工作的准确度

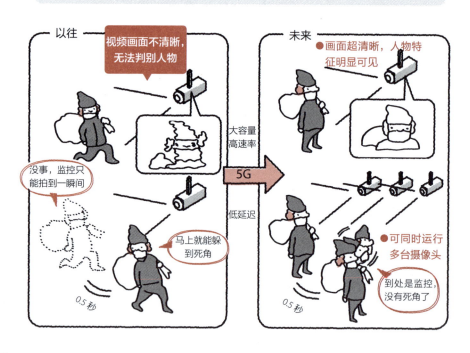

替人类前往某些危险的地方执行任务。

当举办大型体育赛事和烟花表演等活动时，往往会聚集大量的人群，同时也暗藏着许多危险。在此类情况下，监控摄像头的作用就显得十分重要了，它可以为我们识别出许多人的动向，提供有效信息。

此外，人工智能和高清摄像头在一些日常有大量人群来往的地方（如车站、购物中心、医院）也能发挥重要作用，比如及时发现身体状况突然恶化的路人、走丢的孩童等。

人工智能可以根据给定的影像资料，从拥挤的人群中找出特定人物，平时可用于发现有可疑行为的人物或者受伤者。与人力不同的是，人工智能可以保持24小时连续工作。这一功能有望用于监控、搜寻老年痴呆症患者的动向。

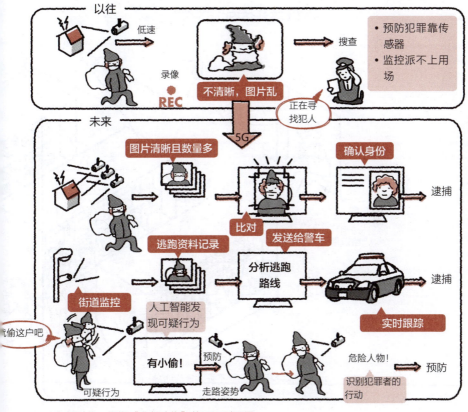

● 在新时代，根据"准备动作"就可识别犯罪

关键词 ➡ ☑ 4K、人脸识别

# 运用大量 4K 摄像头
# 以强化警备

拥挤的地铁车厢、死角多的小路……在很多情况下，我们都需要靠监控摄像头来强化警备。

4K 分辨率的监控摄像头所拍摄的画面，上面每一个人的面部特征都清晰可见，方便辨别。有了 5G 大容量通信的加持，甚至可以实现对于特定个人的持续追踪。此外，将人工智能的人脸识别技术和连续拍摄画面相结合，我们还能够快速检索出"哪个人何时曾去过某个地方"。如果将人

**4K摄像头无死角监视**

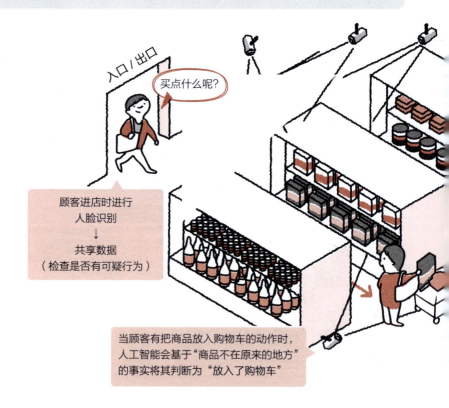

顾客进店时进行
人脸识别
↓
共享数据
（检查是否有可疑行为）

当顾客有把商品放入购物车的动作时，人工智能会基于"商品不在原来的地方"的事实将其判断为"放入了购物车"

脸识别技术与支付信息结合起来,那么就有可能做到无现金购物。日本已于 2018 年开始进行"刷脸支付"的实证实验。

4K 摄像头能够捕捉到的不只有人脸信息,还能够与人工智能协作,及早察觉并监控行动可疑人员、因携带危险物品而走路姿势独特的人员等,从而防患危险事件于未然。4K 摄像头还有助于取缔一些性质恶劣的驾驶行为(如挑衅驾驶),从而有效减少交通违规情况。除了这些用途,4K 摄像头也许还可以帮助到在路上的喝得烂醉的行人或者身体状况突然恶化的患者。

在像闹市和主题公园等人头攒动的地方,可通过设置大量隐蔽的 4K 摄像头以起到良好的监视作用,从而保障整个社会的日常安全。

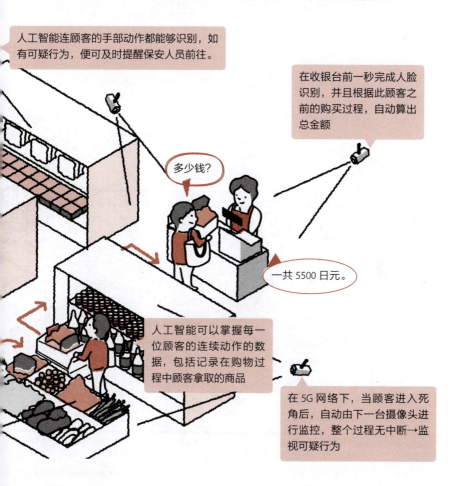

人工智能连顾客的手部动作都能够识别,如有可疑行为,便可及时提醒保安人员前往。

在收银台前一秒完成人脸识别,并且根据此顾客之前的购买过程,自动算出总金额

多少钱?

一共 5500 日元。

人工智能可以掌握每一位顾客的连续动作的数据,包括记录在购物过程中顾客拿取的商品

在 5G 网络下,当顾客进入死角后,自动由下一台摄像头进行监控,整个过程无中断→监视可疑行为

04 有了 5G,未来会是这样! 医疗护理篇、安全保障篇

关 键 词 ➡ ☑ 三神器

## 08 "天空之眼"与"警卫机器人"

虽然以往也会利用人工智能和无人机来强化警备,但随着5G的加入,我们将领会到何谓"新时代的技术"。

虽然在5G技术出现之前就已经有人利用监控、无人机、巡检机器人作为重要的监视工具,但效果还是有限。到了5G时代,"5G、AI、4K"三神器一下子就取得了飞跃性的升级。4K摄像头可以在百米高空之上识别地面上的车牌号和人脸,分辨率很高。通过把它和人工智能结合到一起,我们将能够得到一只可以识破潜在危险的"千里眼"。把它装在超

### 从最高处进行监视的超高性能摄像头

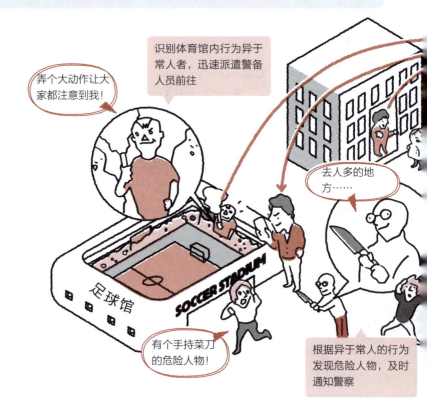

高层建筑物上，就可以覆盖相当大的范围。可根据数据来选择重点监视的区域，再派无人机进行详细调查。这样一来，监控的精确性将大幅提升。

在地面运行的机器人也可以用人工智能处理高分辨率的视频信息，以提高自我管理控制的性能，从而保证行驶中的安全性。除了日常巡检工作，它还可以寻找特定人脸或有特定举止的人、发现并拾取遗失物品或人为放置的危险物品、追踪指定人物……通过与警备人员和无人机共享信息，从空中和地面共同围捕罪犯将不再是梦。

当前的监控摄像头，从发现危险到发送警报至警备人员的手机一般耗时 5 秒左右，但有了 5G 后就只需 0.001 秒，几乎是实时。可疑人物、急性病人、大量聚集的人群、可疑物品、失控车辆……高分辨率的摄像头可以发现一切非常事态，依靠它提供的信息，我们将能做出迅速而合适的应对措施。

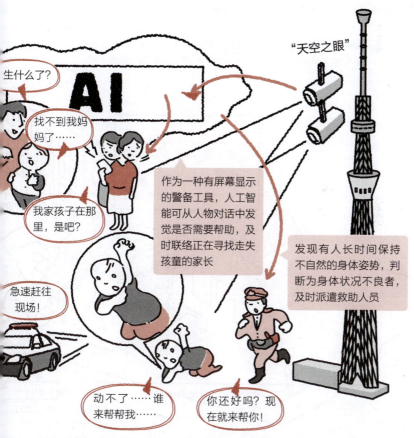

关键词 ☑ 4K、AI

## 09 "4K 摄像头 +AI" 让可疑人员无所遁形

不只是人脸,还可以分析人物动作特点,从而提高警备的准确度。

人工智能平时需要学习大量的视频内容,这样它用除了人脸识别之外的方法也能够发现可疑人员。当我们用黑名单进行检索时,往往会涉及个人隐私问题和名单更新问题。针对此点,才进一步开发了新的技术。通过编写程序,人工智能可以在特定场合下分析在场人物的行动模式,判断他有没有问题行为。根据可疑人员进行偷窃前的准备动作,人工智能就能够"预知"偷窃。目前,此类程序已经到达可实用的级别。

### 新时代的安保技术——"摄像头+人工智能"

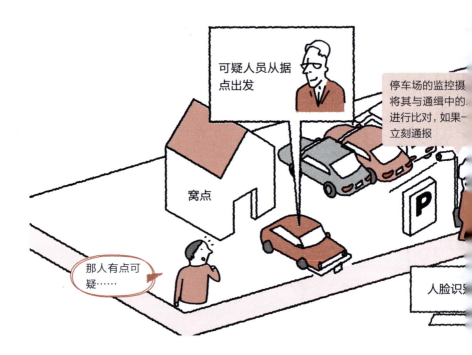

可疑人员从据点出发

停车场的监控摄(像头)将其与通缉中的(人员)进行比对,如果一(致)立刻通报

窝点

那人有点可疑……

人脸识(别)

76

4K 摄像头不只是用来发现犯罪者的，它还有很多其他用途。比如，找出因人群拥挤而陷入恐慌状态的人、找出身体状况突然恶化的人、找出为躲避危险而陷入其他事故的人等。在入口安检处没有检查到的物品，还可以通过 4K 摄像头进行后续的持续监视和分析，尽量做到早期发现。

此外，比如偷窃犯、杀人狂、恐怖分子等，他们在犯罪时都有一套特定的行为方式。不过，有些行为虽然一眼看去不太自然，但有时也是有正当理由的。比如，某人到底是准备偷窃才东张西望，还是急着找丢失的东西才这么做？某人到底是在故意投放危险物品，还是单纯忘了带走自己的东西？在有些情况下，人无法做到一直守在那里监视，但人工智能可以靠长期进行观察的 4K 摄像头和机器学习做到这一点，替人类分辨那究竟是不是危险行为。

专栏 04

# KDDI 的智能无人机

近年来,登山事故的发生率有上升倾向,特别是到了冬季,电视上时常会播报关于登山救援的新闻。而在登山救援时,在很多情况下其实都无法很好地掌握遇难者的位置和现场情况。如何掌握救助信息和减轻救助队员的负担,是现在需要考虑的问题。基于现状,KDDI 公司与信州大学、日本长野县驹根市展开合作,开始了运用 5G 技术的登山救援实证实验。在实验中,登山者携带可被检测到位置信息的 LPWA 终端,基于该位置信息,搭载 5G 平板电脑、4K 摄像头和扩音器的无人机可以自动前往,然后用摄像头拍下登山者及其周边的影像资料。登山救援队总部可以实时接收到影像资料,同时远程利用扩音器进一步确认登山者的情况。

此外,该影像资料还会实时发送给正在前往遇险位置的救助队员,他们可以在 5G 平板电脑上一边进行确认,一边前往救援。

登山者的位置确定和基于"5G+无人机"的现场情况掌握,通过该实验得到了认可。这项技术或许会成为今后守护登山者和提升救援技术的有效手段,相关讨论还在继续进行。

# Chapter 04 术语解释

**关键词**

☑ KEY WORD
## 生命体征（vital signs）(P.61)

生命体征是指人体基本生理功能（维持生命）的表征。一般主要有脉搏、呼吸、血压、体温4项指标。正常人在安静状态下，脉搏为60~100次/分，呼吸（成人）为12~16次/分，收缩压和舒张压分别低于120 mmHg和80mmHg，体温约为36.0~37.0℃。但由于具体情况和个人体质不同的影响较大，还需要参考患者平时的正常体温。如果医生能够提前获取此类数据，那么，也有助于节省医疗现场的检测时间。

☑ KEY WORD
## 医疗水平差距（P.63）

这是指大城市和地方小镇在医疗环境上的差距，一般用于描述"大城市地区医院多医生多，地方小镇医院少医生少"这一现象。与大城市地区相比，地方小镇的专科医院和权威医生云集的大学附属医院的数量都较少，因此能够进行高难度手术的地方也较少。地方小镇的医生平均一人可接收的患者数量相对有限，而绝对人数更多的大城市地区则能满足更多的治疗需求。诸如此类，地方不同，其与大城市地区的医疗水平差距的明显程度也会有较大差异。

☑ KEY WORD
## 机器人手术（P.65）

机器人手术是指利用机械臂替代人类对人体进行的手术。机器人手术具有创口更小、可修正人难以避免的"手抖"、操作更加精确等特点。目前，"达芬奇外科手术系统"已经将机器人手术实用化，并已被日本国内部分医院引入：主刀医生坐在控制台中，通过操作控制器来控制机械臂。一般认为，为实现基于人工智能的手术，5G技术是必不可少的存在。

☑ KEY WORD
## 4K（P.77）

决定画面清晰程度的是像素值，4K有着极高的像素值，因此画面十分清晰。4K分辨率是指水平方向每行像素值达到或者接近4096个（由于构成数字图像的像素数量巨大，通常以K来表示1000）。实际上，在UHDTV标准下，水平方向每行像素值为3840个，竖直方向每列的像素值为2160个，整个画面共有8294400个像素，这种也属于4K分辨率。现在电视的主流分辨率有两种，1280*720（HD，高清）和1920*1080（FHD，全高清），而4K在横纵两个方向上的像素值都是全高清的两倍，因此能让我们欣赏到更精美的画面。

☑ KEY WORD
## 机器学习（machine learning）(P.77)

机器学习是一种从海量数据中发现规律或模式的方法，人工智能在进行识别和预测时常会用到这种方法。目前分析的准确度并不算完美，但随着5G的进入，可学习的数据量将更为庞大，相信还能够进一步提升分析的准确度。因人工智能的升级而广为人知的"深度学习（deep learning）"也是机器学习的一种，它是一种具有人类思考特点的学习方法。如果人工智能能够掌握与人类相近的思考能力，那么它将有望在那些只有人类才能探索的领域中提供辅助。

# 05 Chapter

5G business
mirudake note

第5章

# 有了5G，未来会是这样！
# 制造、建筑·土木、
# 农业篇

5G带来的巨大变革将给制造业带来将巨大影响。

有了5G，制造业中存在的人才不足、技能传承危机等问题也许将迎刃而解。

此外，5G带来的新技术还将有望在时常伴随着诸多危险的建筑土木现场发挥作用。

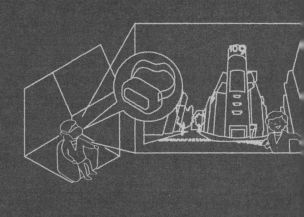

关 键 词 ➡ ☑ 工业机械

# 01 5G 带来的"制造"革命

5G 将工厂从线缆之中解放出来,这带来的扩展性几乎可以说是异次元的。

　　自从工业机器由电脑控制以来,工厂内的通信系统用的一直都是有线电缆。因为进行批量生产的工业机器在运行过程中,如果一连串的设备不能完美同步,那就无法实现高速自动生产了。有了 5G,我们将不再需要通信电缆,对生产线的布局进行细微调整也能够在短时间内完成。此外,

## 5G 给制造业带来的大变化

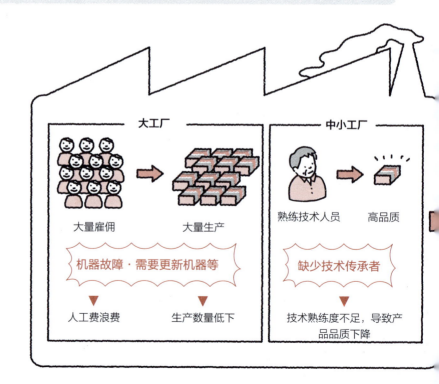

为实现远程操作，有时需要添加 4K 人工智能摄像头或者更换新设备，5G 让我们不必重新连接有线电缆，调整工作可以立刻完成。

在 5G 时代，我们将可以实时共享 4K 摄像头的高分辨率视频及各种传感器获取的测量数据。

通过增加智能眼镜和机械臂反馈的信息量，可以远程提供工作支援和确认产品质量。获得的大量传感数据还可以用于培训下一代工作人员。目前，利用人工智能对新手和老手在同一工作中的各种动作数据进行测算，并找到他们之间差异的"实时教练"急需实用化，这将有效提升人才培养的质量，加快人才培养速度。同时，我们还有可能将技术从人类传授给机器人，从而灵活解决人力不足的问题。

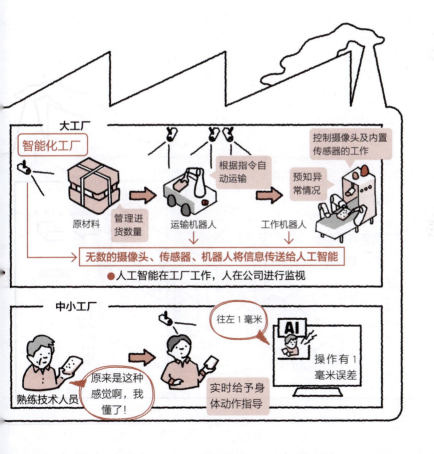

关键词 ➡ ☑ 智能化工厂

## 02 智能化工厂与 5G

工厂如果掌握了 5G 这一高品质通信手段，那么人工智能就能够更"有智慧地"去工作了。

  所谓"智能"，就是指聪明、有智慧，与我们平时说的"智能手机"中的"智能"是一样的。5G 可以可靠地将大量数据进行高速传输，并在云端进行整合，从集中控制转向基于边缘计算的分布式控制，从而实现超低延迟。打个比方来说，就像我们身体的每一个部位都可以反射性地运作（身体自己就动起来了），而不是用大脑思考该怎么动。这样就可以根据具体情况修改程序，从而适应更为复杂的条件并做出决策，还可以通过分

### 智能化工厂的实现

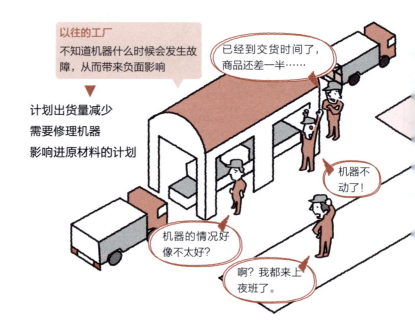

以往的工厂
不知道机器什么时候会发生故障，从而带来负面影响

计划出货量减少
需要修理机器
影响进原材料的计划

已经到交货时间了，商品还差一半……

机器不动了！

机器的情况好像不太好？

啊？我都来上夜班了。

析日常监测所得数据来进一步提高工作效率。

有了无线 5G 后，单元的设置地点和搬迁限制将会比现在少很多。这将有效提高生产效率，因为不再需要花费数天时间去连接大量电缆并保证其正确且稳定，还要小心使其不要影响到其他设备或线缆。工人等待时间长和出货产品数量减少等问题也将得到解决。

此外，同时连接设备的数量限制也没有了，可以更好地利用传感器和计算机。一边用 4K 视频实时监控工厂，一边让人工智能监控生产过程，并远程共享信息，这将成为智能化工厂中的普遍现象。

智能化工厂利用人工智能优化流程，减少工厂需要的工人数量，从而降低人工成本、缓解人力资源短缺的问题。

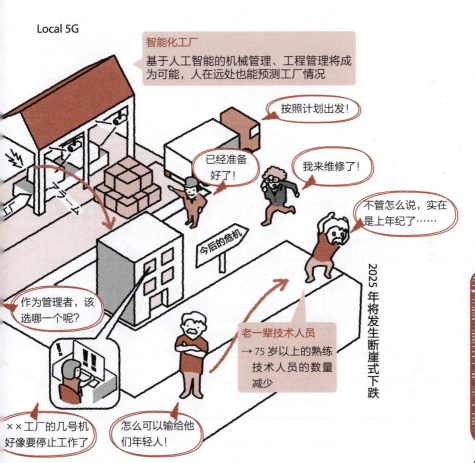

关键词 ➡ ☑ 远程操作

## 03 "远程操作"解决人才不足的问题

不论自动化如何发展，有的工作还是需要人来完成。远程操作将在这种情况下发挥作用。

即使工厂引进了5G，积极地运用人工智能，有的工作还是需要人类动手处理。简单的事情可以由工厂自动化（FA）来处理，但当人工智能碰上一些复杂困难的事情，就需要人出面了。

以往需要技术人员亲自前往现场进行处理，而赶去处理的时间又会造成损失。有了5G，就可以远程操作相关装置，从而减少停机时间，减少损失，而且可以远程控制不止一个位置。远程操作可以同时处理多家工厂、多件

### 5G影响下，工厂的现在与未来

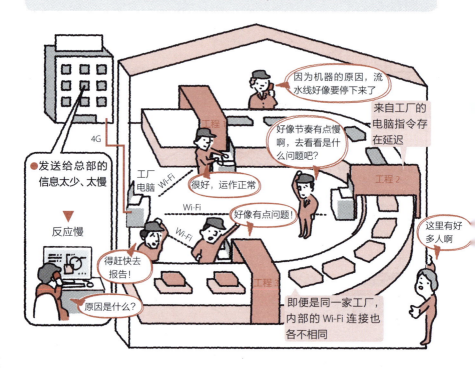

设备，省去技术人员前往现场的时间，有助于解决人才不足的问题。

此外，随着人工智能控制的运输机器人的引入，产品的搬运和原材料的接收都可以交给机器人来做，工厂将不再需要专门的搬运工人，从而将固定员工的数量减少到最低限度。从管理的角度来说也是如此，通过利用4K摄像头和传感器探测工作机器人发生故障的征兆，及时报告给人工智能，可减少用于定期检查的人力和时间。这有助于降低机器突然停工的风险，使工厂的运营更稳定。

如果这样的远程操作得以实现，那么即便人不在工厂，也能完成工厂的工作，使在办公室里进行工厂管理成为可能。

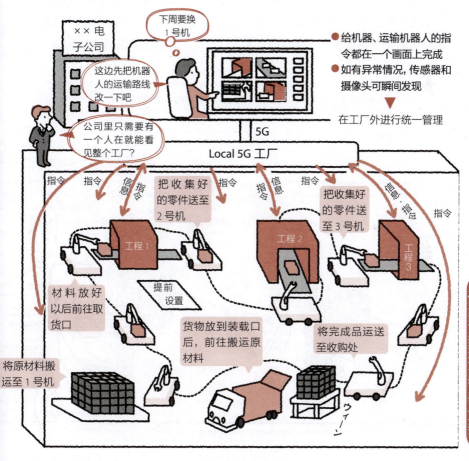

关键词 ➡ ☑ 实时教练系统

## 04 提升工作人员熟练度的"实时教练系统"

可谓真正的"手把手教学",实时反馈让技能学习效率更高。

5G 还可用于由人工智能和物联网相结合的"实时教练系统"。所谓"实时教练",是指将制造设备的数据、工人工作路线和工作时动作的视频数据、安装在工作机器人上的传感器获取到的数据、捕捉地面情况的摄像头的数据都收集起来,并利用人工智能加以分析。该系统通过分析熟练技术人员和新手学徒(或培养对象)之间的差异,向工人们提供实时反馈,从而提高生产效率和工人熟练度。由于可以用一套客观的标准来判断工人

教练系统让工厂技术人员不断"升级"

的熟练程度，因此该系统也有助于提高工人的积极性。

直到现在，人们一般尝试用OJT（在职培训）、学徒制、培训手册等方式传承技能。但是，一些精细的技巧和直觉是很难传授的，只能通过个人的记忆去掌握。通过"实时教练"，可以实时获取反馈，技能的熟练程度也可以被客观地评价。

工人的姿势、与加工物之间的距离、角度、温度、湿度等细微差别，在以往都是靠技术人员的直觉去调整的，而有了人工智能，就可以分析出产生差别的原因所在，并在工作过程中实时给出"在哪里、如何改"的指导，使工作得以顺利进行。收集到的数据将作为资料储存起来，以用于工厂自动化的进一步发展和今后的教育培训。

关键词 ➡ ☑ 产业用机器人控制

## 05 "产业用机器人控制"提升工作效率

有了5G，自己思考、自主提升效率的机器人将有可能实现！？

引入 5G 后，最大的变化是取消了电缆和可以连接人工智能并自我管理。过去为了提高效率而对生产线进行改造时，需要长时间停产。这是因为机器的布局如果要变，那么通信电缆也必须相应更换。而有了无线 5G 后取消了线缆，可想而知这能够为我们节省多少时间。此外，我们还有望通过人工智能的产业用机器人来提高生产效率。

### 用5G克服产业用机器人的弱点

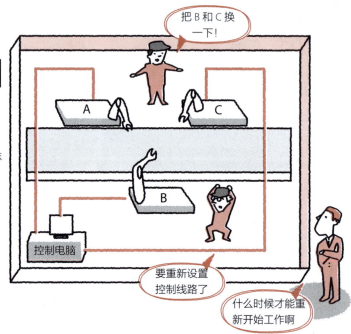

产业用机器人
- 电脑控制
- 方便生产管理

缺点是调整布局很麻烦（有线线路）

从装在工作机器人上的传感器和工厂内的 4K 监控摄像头获得的大量工作数据,将被人工智能用于提高生产线的效率。例如,人工智能可判断出之前相联系的两个工程可以通过单元互换的方式来进一步提高效率,并向管理层提出建议。如果获批,人工智能就可以向某工作机器人发出更改配置的指令,根据产品种类不同来调整工作顺序,从而形成生产效率最高的布局。

在基于 5G 的智能化工厂中,人工智能将能够思考并找出最好的方法,而不是只会根据指令行事。

产业用机器人

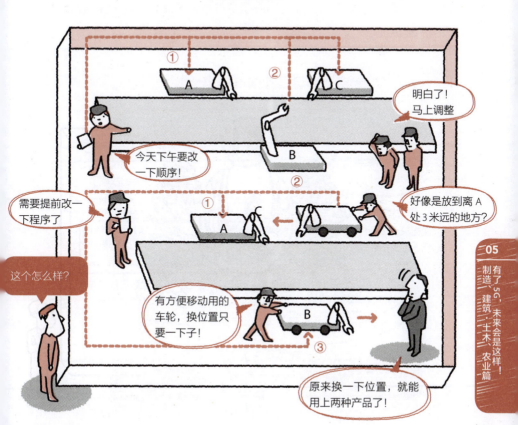

关键词 ➡ ☑ 物联网、联网化

# "工业 4.0" 与 5G

5G 打开了通往物联网的大门，给我们带来了第四次工业革命。

IoT 是 "Internet of Things" 的缩写，中文含义为"物联网"，即所有的"物"都与互联网相连，有时也称为"联网化"。我们将因物联网产生种种产业结构的变化称为"工业 4.0（第 4 次工业革命）"，它以德国政府于 2011 年开始推动的一个国家项目为开端。多年来，德国一直保持着欧洲最大的制造业国家的地位，但由于国内劳动力成本的上升和美国 IT 企业对制造业的参与，让德国有了危机感，于是开始着手重返制造业大国的地位。

## 5G 让工业 4.0 更进一步

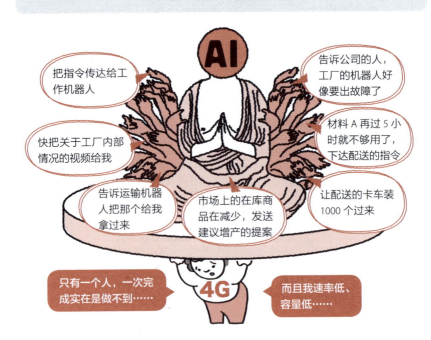

互联网诞生于 20 世纪 90 年代。ICT（信息与通信技术）的诞生被称为第三次工业革命，受到极大欢迎，并且互联网在世界各地都在不断向前发展。但是，由于通信和控制的问题，这种技术在工厂那种需要精确控制的领域发展十分缓慢。

这种情况随着 5G 的到来将迎来转机。工业 4.0 所需的无线通信的容量、速度和可靠性将远超过原来的有线电缆，从而快速推进智能化工厂的实际应用。工厂从空间的束缚中"挣脱"了出来，人工智能也同时升级。通过将足够多的数据传输给人工智能，联网的各种设备将迅速变得更加智能，信息的价值也会变得更加明显。

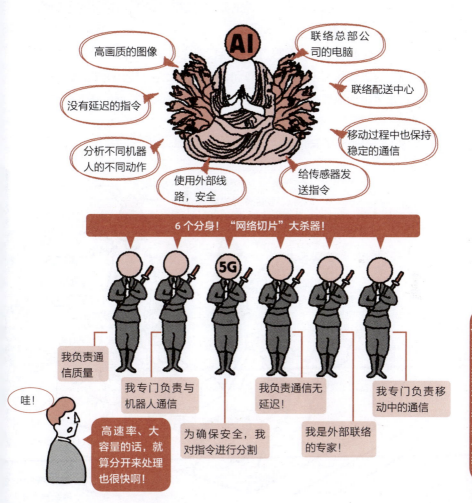

关键词 ➡ ☑ 数字孪生

## 07 5G带来的"建筑·土木"革命

5G将给施工现场的工作方式带来巨大变革。

对于土建工程中不可缺少的重型施工设备,以及运输沙土和建筑材料的大型车辆,远程自动操纵已经在一些工地上得到实际应用。但由于4G通信不能够满足施工现场对于安全性的要求,故而远程自动操纵在全国范围内还未普及。

随着5G技术的引入,远程自动操纵将能实现更精细的控制,并且实时性更强,可应用的施工现场的设备和种类都将大大扩展。未来,我们也许可以在家里轻松地远程操纵深山建筑工地上的自卸车等重型施工设备。

### 不用亲临现场也能进行施工的时代

所谓"数字孪生",是指将与施工现场相关的一切信息如原始地形图、车载摄像头和无人机拍摄的周边信息、施工条件和气候、建筑材料使用情况、车辆进出情况、施工设备状态等进行汇总,并在虚拟空间中再现。有了 5G,我们有望在现实中做到。

有了数字孪生,管理施工进度、讨论改进措施、模拟工序自不必说,我们甚至可以模拟各种安全措施及预测灾害发生时的情况。通过运用增强现实(AR)和虚拟现实(VR)技术,关于工程的各项讨论将更加细致全面。

我们还可以用无人机去监测高空作业,及时察觉可能发生的危险,利用声光引起工人注意,加强施工现场的安全管理。

关键词 ➡ ✅ 智慧农业

# 08 5G 带来的"农业"革命

5G 有着强化农业的力量。我们将在智慧农业下生存。

可以这么说，5G 的实际应用让智慧农业迎来了黎明。5G 不光提升了医疗、工业和运输等领域的效率，在农业方面也能够发挥巨大作用。将以往积累的农业技术知识与 5G 结合起来，将能在更多场景下应用自动化和远程操作。

如果能长期采集到农作物的颜色、形状等图像信息，人工智能就可以及早判断收获的时机或者预防病虫害的发生。通过将迄今为止的农业研究

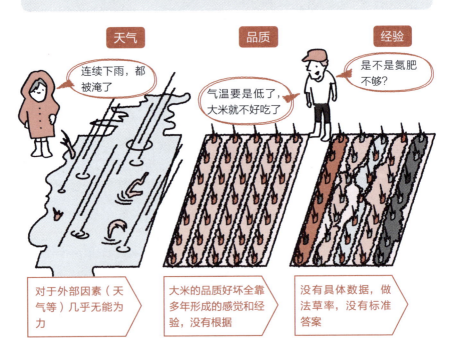

人工智能还能管理农业

成果（如何让收获最大、让浪费最小）和传感器收集的数据结合，就能让农业工作更加省力和高效。在田间地头之外，还有很多情况下可以用到智慧农业。在畜牧业和奶牛养殖业中，智慧农业可以通过实现牲畜的个体识别来提高可跟踪性。结合监控摄像头和自动响应技术，可以保护农作物免受有害动物的侵害。过去依靠直觉的部分，如温室管理、杂草处理、符合最新市场行情的出货计划等，现在都可以通过人工智能来安全操作，人工智能会比对数据并给出参考意见。如果将可自主运行的农业机器人与4K摄像头、人工智能相结合，那么它们还能在最佳时间自动进行收割作业。

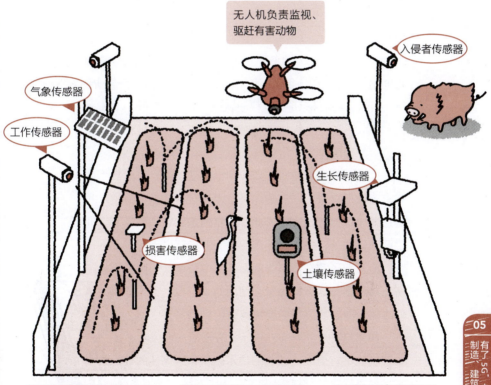

●基于传感器的监视
借由气象、土壤、生长传感器掌握周围环境。损害传感器和工作传感器还能够对农田进行24小时监控。

●基于人工智能的最优解
以各传感器获取的数据为依据，将环境调整至最适宜的状态。如浇水、喷洒农药（无人机）、驱赶有害动物等。

●市场调查
判断培育的农作物的市场行情、栽种时给予意见等。

# 日本提出的"互联工业"是什么?

与提出"工业4.0"并率先开始实施的德国相对应,日本政府提出了"互联工业"(Connected Industries)。目标是把"智能制造""自动驾驶""机器人和无人机""生物技术和医疗"这四个比德国积累了更多经验的领域作为强化领域,通过数据共享促进产业振兴。

这四个领域在新时代商业中也备受关注,虽然日本的多家企业拥有全球一流的先进技术和数据,但都将技术和信息各自保存。日本政府此举的目的是将它们公开,企业之间互取长处,争取使其产业水平世界领先。

但目前还存在着不少问题,其中最要紧的就是信息的所有权问题。这涉及每家公司的知识产权,很难划清共享信息的界限,所以仍需要协商讨论。

如果这种尝试能像IT行业的开源一样成功,那么日本政府此举有望以飞跃式的技术创新和压倒性的数据量引领世界各行业的发展。

# 术语解释　　关键词

### ☑ KEY WORD
### 智能眼镜（P.83）

是一种通过显示屏将数字信息反映于现实的眼镜式设备。与 AR 眼镜不同的是，它具有显示部分视野内信息的功能。它显示的信息量不像 AR 眼镜那样大，但优点在于可在日常生活中使用，因为它就像普通的眼镜一样。在智能化工厂的管理中，它可以用来只显示人工智能发出的警报和许多其他信息。智能眼镜未来有望与 AR/VR 眼镜共存。

### ☑ KEY WORD
### 2025 年悬崖

该词最早出现在日本经济产业省的报告中，是指预计于 2025 年 IT 技术界将出现的问题。具体是指，由于传统系统的信息披露、更新不足，而技术又越来越像一个黑匣子，它迟早会与新系统无法协调，导致出现混乱。这不仅会影响到 IT 行业，还会影响到使用这些系统的各个行业。特别是在医疗行业，如果太过执着于前期引入的系统，不去适应最新的医疗技术，那么会导致一些重要信息无法共享。

### ☑ KEY WORD
### 学徒制（P.89）

最初，欧洲中世纪城市里的行会为培养技术接班人、提供技术培训、保护技术秘密，出于保护各种职业利益的目的制定了这项制度。工匠和学徒组成工坊，工坊由一名师傅负责。近代以来，由于大规模生产的工厂兴起，学徒制已不常见，但即使在今天，也存在着一些独门绝技的手艺人只把技术传给徒弟的情况。在日本的中小工厂里，有一种跟着具有优秀加工技术的手艺人接受"一对一教育"的制度，有时也被称为"学徒制"。

### ☑ KEY WORD
### 单元（unit）（P.91）

这个词最初被翻译成"集团""单位"或"组织单位"等，但在制造业中，一般称之为"单元"，用来表示"形成一个整体的单位"或"标准化的部件"，后来又用来指工厂中以单个工件为中心形成一个单一工序的群体。在工厂自动化中，以一个个单元的形式管理整个生产过程。工厂可以看作这些单元的集合体。计算机对每个单元的控制都很复杂，调整起来也很烦琐，但 5G 时代下的人工智能也许可以让我们自由轻松地进行调整。

### ☑ KEY WORD
### 可跟踪性（tracibility）（P.97）

由 Trace（跟踪）和 Ability（能力）两个词组合而成。它是一项标明食品生产链条的制度，显示了食品的生产地点、生产时间和流通路线。由于生产地造假等事件频发，日本政府还将这一制度应用到农畜产品上。2003 年疯牛病暴发时，日本政府颁布了《牛肉溯源法》：所有的牛身上都要标识个体识别号码，通过网络即可查询到某一头牛用的饲料、养殖方的卫生管理情况等。自 2004 年起，店内销售的牛肉必须标明个体识别码。

99

# 06 Chapter

5G business
mirudake note

第6章

## 有了5G，未来会是这样！
## 零售、旅游、金融篇

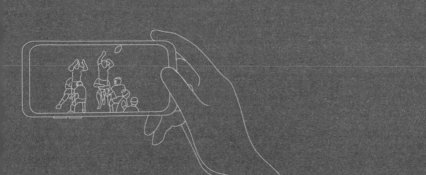

现如今，电子支付对于我们而言已经是习以为常了。

有了 5G，我们有可能都不用到收银台排队，迈入一个"自动支付"的时代。

在本章中，以我们生活中必不可少的"钱"所涉及的行业为中心，一同展望 5G 给我们带来的未来吧。

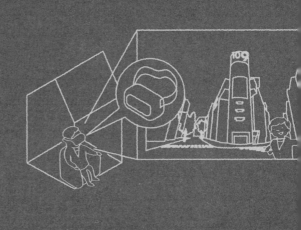

关 键 词 ➡ ☑ 顾客至上、营销信息

# 01 5G 带来的"零售"革命

5G 下的商品零售，也许能给我们带来超越网购的体验。

"把生产和消费联系起来"是零售的基础。5G 的使用对促进"顾客至上"极为有效。过去的几年里，网络购物兴起，而实体店的销售额被"网购"给夺走了，一直在下降。网络购物销售额增长的背后有很多因素，比如购买的便利性、基于个人浏览记录的商品推送、网红推荐和消费者口碑以及方便比较价格等。受这些因素的影响，围绕网店开展起来的商圈，有比去实体店更多的价值和大量的营销信息。

## 5G 也许能够实现……

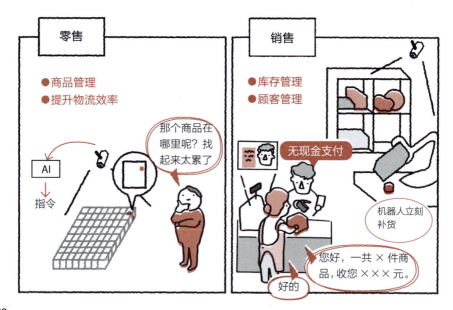

为了将生产和消费连接起来，实体店需要提供网购无法体验到的附加价值，而这就要靠5G了。从最近的发展趋势来说，根据顾客的线上行为和大数据分析，得出最有可能成为有效客户的客户信息，然后引导他们前往实体店，这样的案例越来越多了。这种思考方式可以说是零售业新趋势的起点。无论网购如何繁荣，人们都不能只生活在数字世界里。网店和实体店，不再是对立的敌人。随着客户行为日益多样化，允许客户从任何渠道都能进行购买的策略在未来将不断扩大。网购的便利性将与实体店内的定制化服务相辅相成，让客户享受到线上和线下的双重实惠。

关键词 ➡ ☑ 虚拟现实、增强现实、混合现实、XR技术

# 02 从 5G 出发思考的"XR"消费时代

5G 可能会给未来的零售业和生活娱乐带来前所未有的变革。

如果将 VR（虚拟现实）、AR（增强现实）、MR（混合现实）技术与 5G 结合，我们未来的生活将发生巨大变化。这些技术统称为"XR（扩展现实）"，它可以将虚拟创造的内容与现实世界融合并展示出来，让我们亲身体验。目前，XR 技术正在成为电子游戏和娱乐内容的热门。未来，XR 技术还将应用于商业领域，用于模拟业务、分享现场场景，还有望扩展到许多其他领域，包括医疗、教育、制造、零售和国防。

## XR可以做到什么？

VR（虚拟现实）

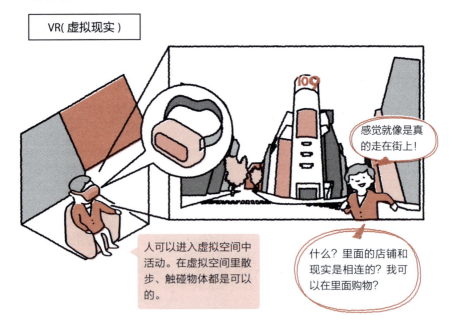

感觉就像是真的走在街上！

人可以进入虚拟空间中活动。在虚拟空间里散步、触碰物体都是可以的。

什么？里面的店铺和现实是相连的？我可以在里面购物？

随着 2020 年引入 5G，XR 技术的升级将越来越快，我们的生活也将发生快速变化。举一些熟悉的例子，比如之前大火的手机游戏"Pokémon GO"、可以让用户自拍卖萌的应用"SNOW"、2016 年发布的 PlayStation VR 及 2017 年开业的 VR 体验设施"VR ZONE 新宿"。随着 XR 技术的不断实用化，它还能让有经验的医生进行远程手术、让工匠远程制造产品。在消费行为从"消费物品"向"消费服务"转变的当下，毫无疑问，基于 XR 技术的全新体验将离我们更近，成为日常生活中更为熟悉的存在。

06 有了 5G，未来会是这样！零售、旅游、金融篇

**AR（增强现实）**

- 以收银员的形象出现
- 欢迎光临
- 屏幕上可以将自己试穿的样子投影出来，有直观感受
- 下次买个眼镜型的屏幕吧

**MR（混合现实）**

- VR 感受驾驶体验
- 全息立体投影，多角度观察车辆
- 看着展示车，总会想到各种问题

关键词 ➡ ☑ 无现金化、人脸识别

## 03 5G 时代的无现金支付

"无现金支付"之后,又会诞生怎样的服务?还将发生什么样的变化?

　　日本目前正在举全国之力努力推广无现金支付。日本政府制定了将无现金支付占比提高到 40% 的目标,并正在推进"无现金化"。从具体政策来说,日本于 2019 年 10 月 1 日将消费税提至 10% 的同时,推出了无现金支付的积分奖励制度,或许就是个很好的例子。无现金支付出现的背后,是物联网、5G 等技术的革新。当然,随着通信速度的提高,无现金支付服务使用起来会更加方便,从而有可能实现"无现金社会"。

### 从信息收集到购买商品,只靠一部手机

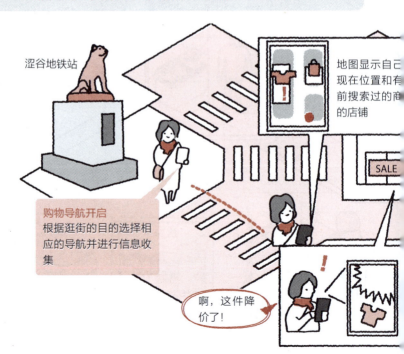

为无现金社会提供支撑的是智能手机和在线支付的普及。人脸识别支付是未来实现无现金社会的标志之一：顾客在超市和便利店购物时，只需对准门口的摄像头，拿出相当于个人身份的二维码，就可以完成支付。此外，免去交通卡和机票的"无触碰式"登机也有望实现。无现金化将大大减轻兑换现金的负担，不必在支付上浪费时间，这种便利性是新的价值。在日本，无现金支付距离成为人们的日常现实可能还要一段时间，但在瑞典和中国等国家，很多市民都已经习惯了无现金支付，越来越多的人出门不携带现金。5G时代到来，消费者支付方式改变，无非是对更加便捷的生活方式的追求。

06 有了5G，未来会是这样！零售、旅游、金融篇

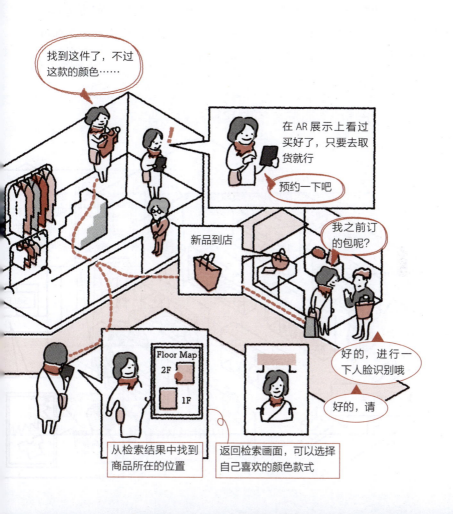

关键词 ➡ ☑ 机器人科学、AI助理

## 04 基于机器人的劳动管理将成为"劳动力不足"的救世主?

让机器人替代人类去工作,可以解决一些劳动力不足的问题。

5G被视为机器人科学中的突破性技术。机器人已经进入我们的生活中,比如扫地机器人和宠物机器人等。就身边的事物而言,亚马逊的"Alexa"和苹果的"Siri"等语音助手正在让我们的家变得更加智能。有人预测,未来每个孩子都会配一个人工智能助手。此外,5G技术可以让机器人模仿人的精微操作,在一些人进不去的地方或者人不能长时间工作的危险环境中,工业机器人可以代替人工作。

### 用5G给消费者的购买积极性"保鲜"

店员每个月都要给货架补充好几次货

店内的摄像头主要用于安保工作

没货了吗?

以往

白让人等那么久,下次不来了!

现在帮您去仓库取,请稍等

如果 5G 的无延迟无线操作能够实现，那么将很有可能开拓出新的市场。美国最大的电话公司 AT&T 与专为零售商生产机器人的公司 Badger Technologies 达成合作，正在测试零售店内的自动化服务。据闻，这两家公司计划在未来几年将他们的机器人推广到北美地区约 500 家零售店。而当"5G 时代"到来，人工智能和机器人产品不仅体积更小、用途更广、更便携，而且能够将数据延迟降低到现有技术的几分之一甚至十几分之一。这将大大加强人类和机器人的同步，进一步扩大协作范围。机器人很有希望成为一种新的社会基础设施，尽管这在不久前似乎还只是个梦而已。机器人的基础设施化可能极大地改变"劳动"这一概念。

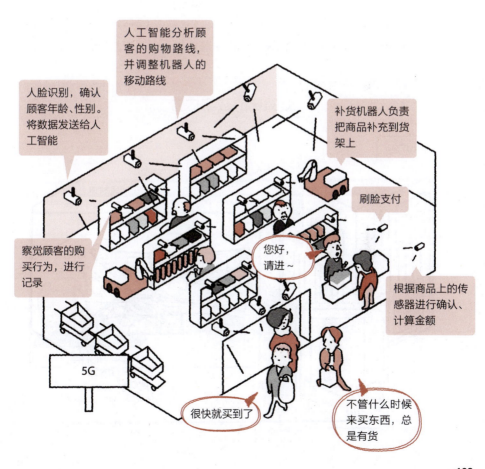

关 键 词 ➡ ☑ 移动广告、视频广告

## "数字广告"与"市场营销"的世界将因 5G 发生巨变

比原本提供更多的价值，带来更大的感动。互联网的新可能性的边界在不断拓展。

5G 时代到来，由于不再受数据容量上限的限制，视频、音频等丰富内容的传输量有望增加，互动性将更强。根据美国英特尔公司的预测，到 2028 年，移动广告的市场价值将达到 1780 亿美元。在日本，视频广告市场持续快速增长，已经扩大到占整个互联网广告市场的 10% 以上。现在年轻一代喜欢通过视频进行交流，如 TikTok（抖音）和 Instagram Stories 等。可以预见到，未来的广告和营销都会出现新的形式。

**新时代的数字广告**

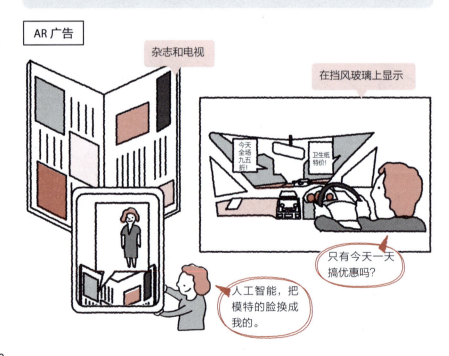

线下广告中，视频广告的应用面在不断扩大。比如，JR 东日本公司从山手线出发，逐步将列车内的广告数字化，以往在车厢里看到的那些文字和图片广告都已不见踪影。除了前面提到的地铁，出租车和电梯内也继续体现出这一趋势，越来越多地采用电子屏投放广告。随着 5G 的到来，变化最大的领域就是营销领域。XR 的新型创意方式是 5G 时代独有的。XR 将落地以前无法实现的丰富创意，并利用"游戏化（gamification）"的优势提高观看者的参与度。5G 将帮助广告公司克服投放规模、投放方式、效果衡量等问题，利用最新获取的用户信息实时衡量广告效果。

关键词 ➡ ☑ 金融科技、生物识别

## "窗口"和"认证"都将数字化的金融界

金融科技中的金融流动性可能进一步加速。

长期以来，金融业一直在进行将金融服务与信息技术相结合的各种尝试，即所谓的"金融科技（Fintech）"。通过智能手机给他人转账就是一个很好的例子。毋庸置疑，从公司内部业务到窗口业务，5G技术将加速所有业务的数字化进程，金融机构的交易流程亟待改革。在公司内部共享客户数据，有助于防止信息丢失，有助于项目的交接及为每一位客户定制服务。此外，将日常业务数字化以提高效率后，可以进一步考虑借助

### 5G时代下的金融科技服务

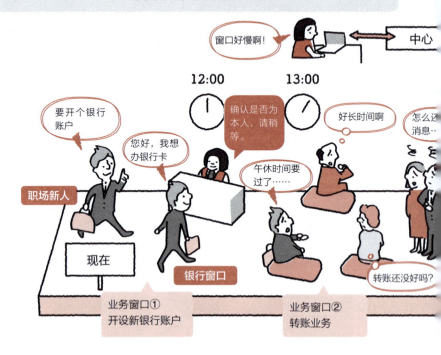

AI 和 RPA（机器人流程自动化）⊖实现自动化。

5G 技术的优点之一就是提高了通信的安全性和速度。这样一来，用户就可以在移动设备上进行即时支付，而不必再大老远跑去银行网点办理业务。这带来了服务客户方式的转变，减轻了店面运营的负担，也提高了客户的满意度。此外，如果可穿戴式终端能够为金融机构提供生物识别数据，并即时、准确地确认用户身份，那么生物识别认证准确度就更高，安全风险也将降到最低。如果将 5G 技术应用于结合了人工智能的新型个人银行业务，那么人工智能顾问有望根据客户的消费方式提供理财建议。未来，金融机构在提高现有服务质量的同时，还需要学会怎么利用好 5G 带来的大量数据。

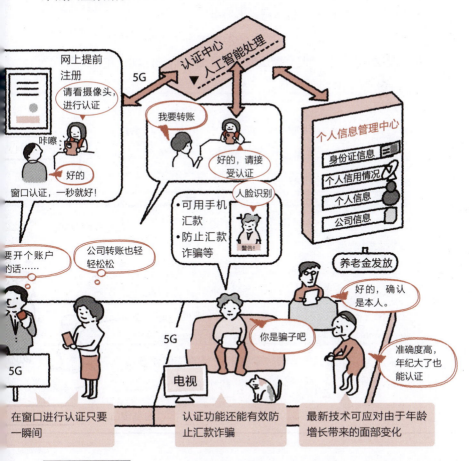

⊖ RPA 是 Robotic Process Automation 的缩写，中文翻译为机器人流程自动化。企业通过部署 RPA 数字工具，可以协助企业员工处理大量有规律的、重复性强的工作任务。 ——译者注

专栏 06

# DOCOMO 的 "新体感旅游服务"

NTT DOCOMO 作为全球 5G 研究的引领者,正在开发利用 5G 的 "新体感旅游服务"。

为了给列车观光和巴士观光提供新的价值,该服务通过 XR 技术,配合周边的实时风景和行驶区域,在列车车窗上实时显示观光内容,从而提高旅客的旅行满意度。

JR 九州(九州旅客铁道)已于 2019 年春季在肥萨线行驶于人吉站和吉松站之间的 D&S 特色列车上进行了实证实验。 在实验中,从列车窗口上可以看到的图形化实时位置信息和列车上方无人机的航拍视频内容。旅客可以从平时看不到的角度去欣赏风景,这种体验大受欢迎。

此外,从 2019 年 10 月起,JR 九州将与 JTB 冲绳公司(JTB 是日本最大的旅行社)合作,向普通民众提供 "探寻冲绳珍稀鸟类——冲绳秧鸡" 的巴士旅游服务。为了进一步普及此类服务,目前正在对服务进行稳步调整。如果真的普及了,旅游资源的价值就会提高,从而带动沿线地区的经济振兴,解决部分社会问题。

# Chapter 06 术语解释  关键词

☑ KEY WORD
## Influencer（网红）(P.102)

用于指那些个人行为能对全社会产生较大影响力的人。近年来，这个词不仅可以指名人和艺人，还可以指在社交网站上拥有大量粉丝并创造潮流的人（类似于"网红"）。影响者营销（influencer marketing）就是指企业利用这些"网红"进行推广以达到宣传目的的过程。

☑ KEY WORD
## 游戏化（gamification）(P.111)

这是指将设计游戏的元素和原则适用于非游戏类应用。可用于提高组织的工作效率、学习积极性、众包（crowdsourcing）⊖、员工评价、提高应用的操作便利性等。日本总务省发布的《信息通信白皮书》中，提及社交服务中的社交游戏可让用户实时查看信息，表明了游戏化对于用户的实用性，引起了广泛关注。

☑ KEY WORD
## 消费服务 (P.105)

一般把花钱买东西的行为叫作"消费物品"，与之相对，在"服务（体验）"上花钱的行为则叫作"消费服务"。换句话说，就是认为通过商品或服务所获取体验有价值并为之消费。更多时候特别指涉及非日常体验的经济活动，有望因新时代消费行为而焕发活力。举例来说，在面向海外旅行者的日本入境游中，日式旅馆的"诚心诚意的款待"就是一个从服务中挖掘价值的经济行为。

☑ KEY WORD
## 生物识别 (P.113)

生物识别是一种个人认证技术，需要利用指纹、虹膜等身体特征和身体姿势、习惯等行为特征的信息。在5G时代，视网膜、声音、面部等物理特征，以及笔迹、眨眼次数、唇部动作、走路方式等行为特征，都有可能成为个人身份认证的关键。

☑ KEY WORD
## 机器人科学（robotics）(P.108)

"机器人科学"包括机器人的设计、制造、控制，是研究机器人框架和结构设计的机械工程，是设计用以驱动机器人内置电机的线路电气电子工程，是一门研究机器人控制程序制作的学科。有时也用于与机器人相关的所有科学研究的总称。在一些情况下与"机器人技术（robot technology）"同义。

---

⊖ 众包，英文名称为"crowdsourcing"，是互联网带来的新的生产组织形式。用来描述一种新的商业模式，即企业利用互联网来将工作分配出去（特别是在线社区），发现创意或解决技术问题。——译者注

# 07 Chapter

5G business
mirudake note

第7章

# 有了5G，未来会是这样！
# 生活篇

我们大多数人能够从身边感受到 5G 带来的变化，最明显的果然还是生活方面的变化吧？
在本章中，让我们结合多种具体事例，一同来感受 5G 给我们所处的社会、我们的生活，以及我们的教育所带来的冲击吧。

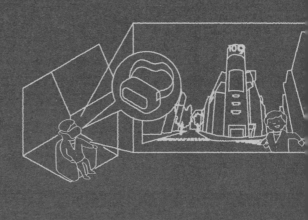

关键词 ➡ ☑ 生活就像是科幻电影

## 01 有了 5G，我们的生活会变成什么样？

智能手机的出现、家用电器的品质提升，都给我们的生活带来了便利，而 5G 则要让这种便利再次升级。

　　高速、大容量、低延迟、可靠性强，所有的电子设备都将联网，自动驾驶的汽车在大街上行驶……有人说，如果 5G 继续普及下去，我们未来的生活可能就像科幻片一样。你可以通过 VR 设备在家中享受现场观看体育赛事的乐趣；专业的厨师可以通过平板电脑实时教你如何烹饪；孩子们在房间里就能上课，不必专门去补习班……如果有可疑人物在你家附近徘徊，传感器会迅速做出反应，自动呼叫警车。

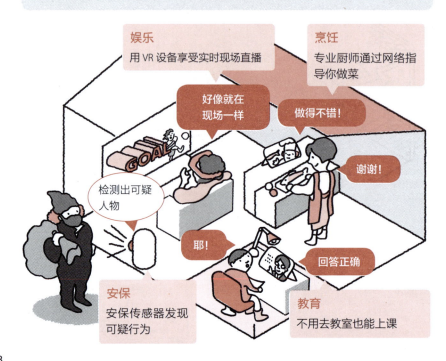

家庭生活

由于5G允许同时连接的设备数量多,我们的世界将比现在更加便利。电动能源将得到优化,随时都有自动驾驶汽车在街上行驶,我们可以在我们想出发的时候去任何我们想去的地方。红绿灯也将实现联网,交通拥堵将得到有效缓解。此外,一旦发生大地震之类的自然灾害,安全提醒邮件总能毫无延迟地发送出去;救灾物资将准确地送到真正需要的人手中,预防产生二次、三次灾害。此外,即使某些地区因灾情造成大量人员受伤或出现大量患者,全国各地的医生都可以通过网络为受他们进行检查,不必为医生短缺的情况而烦恼。

## 街上日常

**医疗**
不必亲自去医院,可以接受远程医疗服务

通过远程操作也能进行诊疗

**自动驾驶**
车辆会被系统自动调动至需要出行的人的身旁

车子正好来了

用量刚刚好

有了5G以后,都不知道什么是堵车

**红绿灯**
利用人工智能优化交通情况

**发电厂**
连接网络,有效分配电力至城镇各处

关键词 ➡ ☑ 智慧城市、社会5.0

## 02 "智慧城市"真的要来了

智慧城市,利用信息技术打造最先进的城镇。5G 助力智慧城市取得飞跃性发展。

随着 5G 的到来和物联网的多元化发展,我们居住的城市将发生巨大变化。"智慧城市"是指利用这些先进技术创造城市的新价值。例如,在电力能源领域,可以应用网络技术来优化能源的使用,防止出现电力短缺或过剩的情况。此外,还可以通过与互联网相连来提升地铁、公交车等交通系统的功能和便利性。也许过不了多久,堵车、交通事故等问题就都会被解决。

### 什么是"智慧城市"?

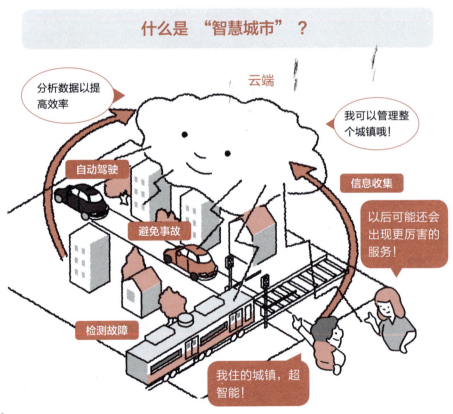

我们不妨把智能城市得以实现的社会称为"社会 5.0",数字"5"指的是社会的第五个阶段。第一阶段是远古时代,以狩猎为主要活动;第二阶段是中世纪,以农耕为主要活动;第三阶段是近代,发生了工业革命;第四阶段是现代,信息网络发达;而"社会 5.0"旨在构建一个积极利用物联网、大数据、人工智能和机器人的未来新社会。试着想象一下电影和漫画中所描绘的未来世界——机器人代替人类工作,汽车无人驾驶——这样可能更易于我们理解。然而,要想实现这样的社会,不仅需要电信运营商的努力,还要加强企业与地方自治体的合作。虽然日本的一些地方已经开始合作了,但"社会 5.0"仍处于起步阶段。

## 什么是"社会 5.0"?

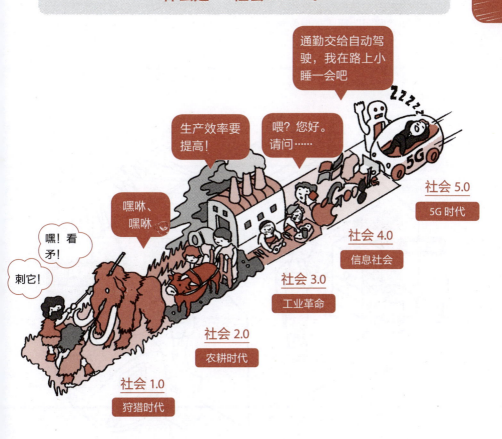

关键词 ➡ ☑ 智能住宅

# 03 "智能住宅"里的未来生活

联网化之后，我们的居家生活将发生巨大改变。"智能住宅"就在不远的未来。

说起"智能住宅"，可能会让人联想到配备了太阳能发电系统、蓄电池和其他能源设备的环保房屋。不过，随着5G的全面引入及众多设备联网化，我们的居家生活将不再局限于能源领域，在其他很多方面都能享受到极大的便利性。比如冰箱与互联网连接，当冰箱里的食物量减少时，就可以当场下单网购食材。"智能（smart）"一词意味着聪明，在"社会5.0"中，这种"聪明"还将加速发展。

## "智能住宅" 的聪明无处不在

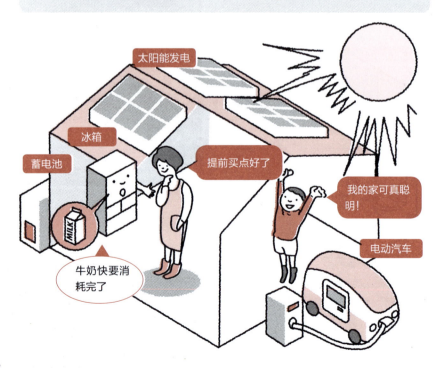

家电产品的联网化,不仅提高了便利性,也提高了住户的安全性。例如,只要将可穿戴设备与医院相连,住户就可以在家接受医院的检查。另外,如果住户在家中因急病倒下了,家电产品也许可以检测到异常情况,及时呼叫救护车。除此之外,还有可代替护工帮忙照顾病人的护理机器人,有可根据排泄物检测主人疾病的马桶等,居住环境的舒适度与现在相比将有很大的飞跃。现在,医生和护理人员不足是很严重的问题,但随着物联网技术的不断进步,各行各业的效率都将得到进一步提高,这些问题也很有可能迎刃而解。

## 打造人性化的居家环境

关键词 ➡ ☑ 体验式学习

## 04 有了 5G，教育会变成什么样？

5G 将给诸多领域带来翻天覆地的变化，教育领域也不例外。

直到现在，在课堂上听老师讲课仍是标准的教育方式。不过，随着 5G 的普及，这样的教育可能会成为过去。凭借 5G 传输大量数据和同时连接多设备的能力，可以轻松地让约 100 名学生同时通过智能手机或平板电脑在线远程听课。特别是对于生活在偏远地区的学生来说，远程上课可以省去往返学校的时间。还有人认为，如果教材能够用上 3DCG（三维计算机图形），

### 远程上课

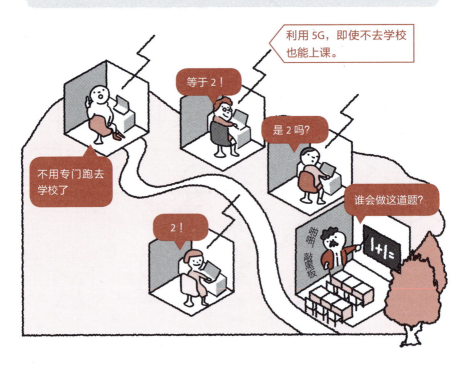

那么传统的课堂教学方式将彻底被颠覆。

到目前为止,教育都是以让学生记忆纸质教材的内容为主,但据说今后会有更多的时间让学生感受"体验式学习",学习将变成一种"看得见摸得着"的体验。只要用 VR 工具,就可以让学生不必亲临现场,也能在模拟的环境中体验近距离观察非洲草原上的狮子。VR 工具比飞行模拟器更便宜,因此飞行员将能以更低的成本进行训练。值得一提的是,5G 还将使在网页浏览器上观看 VR 成为可能,因此 HMD(头盔显示器)等设备可能也不再需要了。

## VR 让体验式教育成为可能

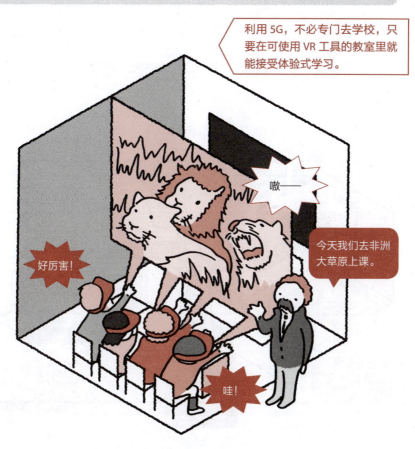

关键词 ➡ ☑ XaaS、Raas

## 05 5G 时代的服务"XaaS"是什么?

5G 将进一步提升互联网给我们生活带来的便利。

无论是给朋友发一封电子邮件,还是用 Word 写一段话,或是将手机拍摄的照片存储在云端,各种各样的互联网服务构成了我们的生活。"XaaS"正是基于互联网的服务的通用名称。XaaS 中的"X"指的是未知,"aaS"是 as a Service 的缩写。5G 不仅会比以前更快、延迟更低,还可以将各种物品与网络相连。这在未来会催生出什么样的服务?只能说是未知数。

### XaaS 是一种基于互联网的服务

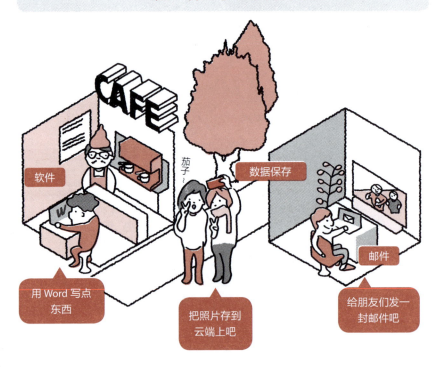

软件 — 用 Word 写点东西
数据保存 — 把照片存到云端上吧
邮件 — 给朋友们发一封邮件吧

XaaS 的诸多服务中，有通过网络提供软件服务的"SaaS（software as a service，软件即服务）"可用于开发 APP 和网页等的"PaaS（platform as a service，平台即服务）"，把 IT 基础设施作为一种服务、通过网络对外提供的"IaaS（infrastructure as a service，基础设施即服务）"等。虽然它们都是数字服务，但进入 5G 时代后，新诞生的服务将跨越数字的边界。其中最引人注目的要数使用护理机器人的"RaaS（robotics as a service，机器人即服务）"。吃饭、洗澡、服药、排泄等，都由机器人代替护理人员提供帮助。虽然机器人现在已被积极地应用于工厂和农场等地方，但今后应该还会进一步渗透到人们的生活中。

### 越来越受关注的 RaaS

装载了人工智能的机器人可为老年人的生活提供帮助。护理人员不足的问题日益严重，这将成为有效对策。

*column* 专栏 07

# 5G 还能解决"少子高龄化"问题？

随着 5G 和物联网的到来，我们的劳动方式将有更多的选择，比如远程办公和智慧农业；我们的生活将因为远程医疗和自动驾驶而更加便利。这样一来，农村地区和城市地区在生活上就不会有太大的差距，日本人口向东京都市圈集中的情况也会得到缓解。

筑波大学对在城市养育孩子的家长关于搬迁的态度进行了调查，发现从年轻人到老年人，各种各样的人都在考虑从城市搬往农村。目前，日本人口出生率下降、人口老龄化日益严重。很多城市育儿一族表示，要是搬到农村住的话，希望能多养几个孩子。

城市育儿一族到农村生活，最关心的就是教育问题。城市地区的大学入学率高，农村地区的大学入学率低，这种教育上的差距是人们不愿意搬到农村生活的一个因素。不过，一旦 5G 和物联网的通信基础设施建设到位，教育差距将得到填补，从而促使更多的人口向农村迁移，也许可以缓解低出生率和人口老龄化的问题。

# Chapter 07 术语解释

**关键词**

### ☑ KEY WORD
#### VR 设备（P.118）

VR 设备指的是用于设计虚拟现实的软件，可以让人体验到与眼前现实不一样的另一种现实。目前 VR 设备的开发尚处于起步阶段，但当 5G 实现了与大量设备的同时连接后，就可以允许大量人群在虚拟活动空间或虚拟直播场所中进行交流。此外，由于 VR 设备可以用来制作游戏，未来可能会诞生一个新的游戏市场。

### ☑ KEY WORD
#### 3DCG（三维计算机图形）（P.124）

是指在计算机上创建三维空间信息，投射出一个三维世界。在过去，只有拥有先进计算机技术的大公司和专业的研究机构才能处理此类工作，但技术的进步让现在的一些小公司也可以做到了。3DCG 技术在电影和游戏中已经很常用了，据说未来可能会应用于零售业和教育现场。

### ☑ KEY WORD
#### 大数据（P.121）

从电脑、智能手机、物联网等地方获得的大量数据。构成大数据的要素有"数据的量大""数据的类型多""数据的生成频率高、速度快"。很久之前，由于无法存储或收集数据，或者说缺乏处理数据的技术，数据只好被丢弃，但技术的发展使我们对数据的深入使用成为可能。

### ☑ KEY WORD
#### HMD（头盔显示器）（P.125）

一种戴在头上的设备，可显示静态图像和动态视频等信号，主要与 VR 配合使用。HMD 最早推出于 20 世纪 90 年代，但由于其价格昂贵，而且容易引起晕车症状，所以在当时并未普及。现在这些问题都已经得到解决，它再次引起了人们的关注。

### ☑ KEY WORD
#### 可穿戴设备（P.123）

是指可以穿戴在身上并且内置了电脑的设备。最好理解的例子是智能手表：它可以作为腕表佩戴，同时能够计算使用者的步数和心率，还能用来看新闻、听音乐。由于它的体积比智能手机和平板电脑都要小，今后很有可能作为提升业务效率和客户满意度的工具被引入各行各业。

129

# 08 Chapter

5G business
mirudake note

第8章

## 有了5G，未来会是这样！
# 娱乐篇

说起 5G 带来的未来，对我们来说最容易想象到的，也许是娱乐领域，比如玩游戏、看视频及利用 XR 技术的体育赛事和现场演唱会……

此外，本章还将讨论不太为人所知的 5G 所隐含的风险。

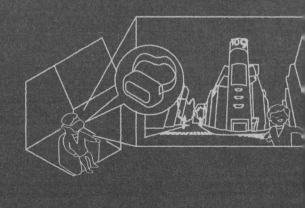

关键词 ➡ ☑ 超高精细影像、IP同步广播

# 01 5G带来的"娱乐"革命

5G使视频和游戏画面达到超高精细影像成为可能,甚至还会改变整个电视行业。

只需三秒钟就能下载完一部两个小时的电影,5G的大容量通信将给娱乐界带来翻天覆地的变化。都说传输超高精细图像是5G服务的主要内容,而电信运营商早已开始着手拓展服务:NTT DOCOMO与迪士尼(日本)展开合作,于2019年推出视频服务"Disney Deluxe"。苹果公司则推出了视频订阅服务"Apple TV Plus"。日本最大网络电视台之一的阿贝玛电视台(Abema TV)也希望能够通过移动端的服务吸引更多用户。

## 5G让娱乐业蓬勃发展

也有人说，5G 给电视广播带来新的方式，那就是 "IP 同步传输"。这是一项可以让观众经由互联网观看正在播放的电视节目的服务，NHK 公司正在努力将其投入实际使用。如果这项服务得以提供，那么即便我们身在海外，或身在播放区域之外，也可以用智能手机观看正在国内播放的节目。5G 功能不仅丰富了电视剧和电影的传播，对于直播内容也将发挥作用。

体育赛事的直播就是其中的一个例子。5G 的低延迟让人们可以实时享受到震撼感官的画面，还可以随意切换视角，从球员或者裁判的角度欣赏比赛。在线游戏领域对低延迟也有很高的要求，比如那种需要在短时间内频繁操作的格斗类游戏，玩家的操作一定要能够立刻在游戏世界中反映出来。5G 将给整个游戏业带来升级。

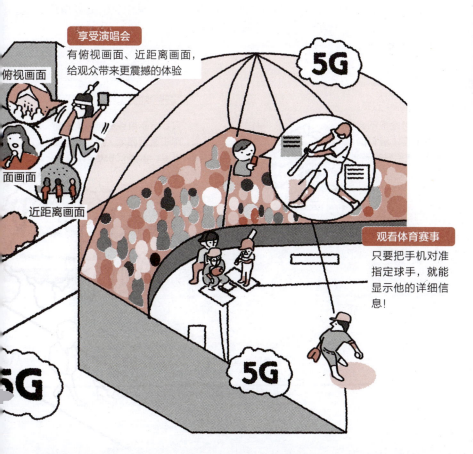

关键词 ➡ ☑ 解决动作延迟

# 02 "云游戏"与"电子竞技"

网络通信的不稳定对一场游戏的输赢有着巨大影响。5G 将解决这一问题,给在线游戏带来变革。

所谓云游戏,就是指游戏软件在云端运行,用户从自己的设备上接入云端享受游戏。从 2000 年开始,已经有多家公司开始将云游戏商业化,但遗憾的是,云游戏并未得到普及,主要原因还是先前提到的延迟问题。尤其是像智能手机那种需要无线上网的设备,难免会产生延迟,影响了用

**数字世界游戏, 升级!**

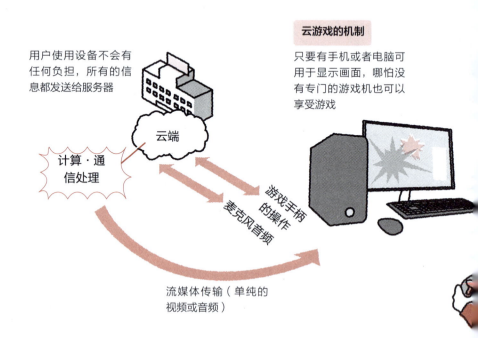

云游戏的机制

只要有手机或者电脑可用于显示画面,哪怕没有专门的游戏机也可以享受游戏

用户使用设备不会有任何负担,所有的信息都发送给服务器

计算·通信处理

云端

游戏手柄的操作
麦克风音频

流媒体传输(单纯的视频或音频)

户玩游戏的畅快体验。5G 的"高速率、大容量、低延迟"将有助于解决游戏中的动作延迟问题。

　　鉴于 5G 广泛应用的形势，谷歌宣布在 2019 年推出云游戏服务 Stadia，进军游戏行业。同样，5G 在电子竞技领域也被寄予厚望。电子竞技是电子游戏比赛达到"竞技"层面的项目。目前电子竞技在全球范围内的发展势头都很好，甚至还被考虑作为 2024 年巴黎奥运会和残奥会的新项目。但也有人指出了一些问题，比如运动会场馆内同时连接大量设备，会导致网络通信不稳定。而 5G 的"同时连接设备多"的特点将有助于解决这一问题。此外，通过在云端运行游戏，以前只能在电脑和游戏机上玩的大型游戏，以后就可以在手机上玩了。

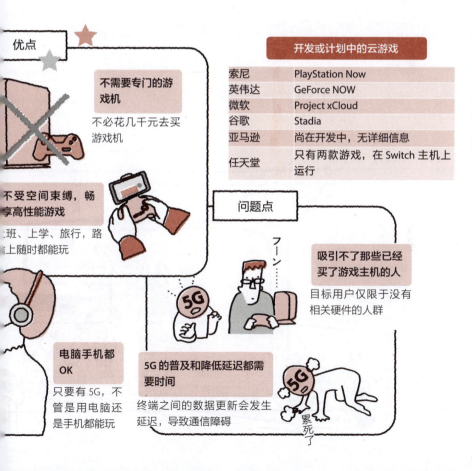

08 娱乐篇 有了 5G，未来会是这样！

关键词 ➡ ☑ 多角度功能

## 03 多角度下的新型体育·演唱会体验

从多个角度中选取自己想要看的画面，让多角度功能带给你最有真实感的体验。

5G 可以实现大容量、高清晰度图像的传输，创造了一种被称为"多角度"的全新观赛体验。2019 年，橄榄球世界杯在日本举办，日本全国民众为之疯狂。NTT DOCOMO 在大赛上利用 5G 预服务，向用户的终端提供了多角度的观赛服务。场馆内安装了许多摄像头，从不同角度同时进行拍摄，并利用 5G 实时将画面发送到观众所持的终端。这样，观众在观看比赛的同时，可以选择自己想看的画面或者专门看自己喜欢的球员。

新时代下，体育赛事可以多角度观看

摄像头拍摄的视频实时传输，使自由切换、顺畅观看成为可能。

精彩镜头和遗漏镜头也能随时重看。

即使是在体育馆这种人群大量聚集的地方，5G 的"同时连接设备"特点仍能保证通信稳定，大容量、高分辨率的图像也可以实时传输。多角度功能也有望在 PV（public viewing，公共观赏）中使用。在橄榄球世界杯期间进行的一项观赛实验中，包括国际直播画面在内的 7 个不同角度的画面全都投射在 PV 上，将最逼真的画面展现在观众面前，整个赛事的氛围都十分热烈。软银已经成功利用 5G 多角度地直播了一场拥有 8K 画面的国际篮球赛。NTT DOCOMO 推出了多角度演唱会直播服务"新体感 live"。当 5G 进一步投入实际应用后，可以在保持高分辨率的前提下，从任意一个角度放大画面，给予观众更强烈的真实感。

设置多个摄像头，从不同角度进行摄像

多角度技术可以运用于多种场景

专注于最精彩部分的角度

附带显示选手资料（特点、战绩等）的角度

附带解说（如解说战术等）的角度

可以重放精彩时刻的角度

关键词 ➡ ☑ VTuber、虚拟模特

# 04 5G 时代，虚拟网红将大展身手？

就像是真人一样！？ 5G 的高速率、大容量可以孕育出充满现实感的角色，自由自在地像人类一样活动。

"绊爱（Kizuna AI）""YuNi"都是近年来诞生的 VTuber，人气颇高。VTuber 是 "Virtual YouTuber" 的缩写，最初指的是用虚拟形象在 YouTube 网站上投稿视频的人，现在也指代虚拟主播、虚拟偶像等在虚拟或现实世界进行活动的、由真人扮演的虚拟形象。可以将实际人物的动作数字化并进行传输，从而将其反映在虚拟人物的身上。如果能进一

## 比现实偶像还要有人气？

**VTuber**
设计虚拟角色，在大型视频网站（如 YouTube 之类）上进行直播活动的视频主。

**虚拟人物（Virtual character）**
指没有实体的、完全架空的角色。有时也和企业联动，成了 VTuber 的先驱。

步利用5G"高速率、大容量、低延迟"的特点，那么VTuber还将有可能举办实时演唱会并与观众进行对话互动。最近，VTuber专用的APP也已出现。任何人都可以成为VTuber的时代已经到来。

与以动漫形象示人的VTuber相对，更接近人类形象的、有真实感的角色也受到了不少关注，它们被称为"虚拟网红（virtual influencer）"。运用3DCG，它们看上去就像真人一样，画面质量高到看上去几乎没有虚拟的感觉。它们有的作为时装模特，有的在社交网站上分享自己的主张和想法。它们最大的特点就是真实感极强，仿佛就是现实中存在的。随着5G的实用化，大容量数据可以高速传输，它们在社交网络上的存在感也将更强。现在甚至诞生了专门从事虚拟模特业务的模特事务所。同样地，相信虚拟网红今后也会成为备受瞩目的存在。

**虚拟模特**
**（virtual model）**
在Instagram等社交平台上以CG形象示人，是虚拟模特。

真实的人类是不是快要失业了？？真人如果有时出现了不合适的发言，很快就会被网暴，引起很多麻烦。而如果是人工的虚拟网红的话，很容易管控，也就不太容易出现前面提到的问题了。安全性又高，对于企业来说是一个可以规避风险的选择。

08 娱乐篇 有了5G，未来会是这样！

关　键　词 ➡ ☑ 眼镜型终端、小型·轻量化

# 05 未来的"XR 眼镜"是什么？

从"头戴式"到"眼镜型"，小型设备将使虚拟体验越来越贴近我们的生活。

随着 5G 的实用化，与 XR 有关的技术市场有望扩大。"XR"一词一般被认为是 VR（虚拟现实）、AR（增强现实）和 MR（混合现实）技术的统称。5G 的低延迟将带来更逼真的体验。为了体验这些技术，目前还需要一个头戴式的耳机型设备。不过，美国电信厂商高通公司着眼于 5G 不断实用化的趋势，于 2019 年发布了一份关于眼镜型设备"XR Glass"的报告。

## 眼镜型设备将会是新时代的常识？

"XR Glass"的功能

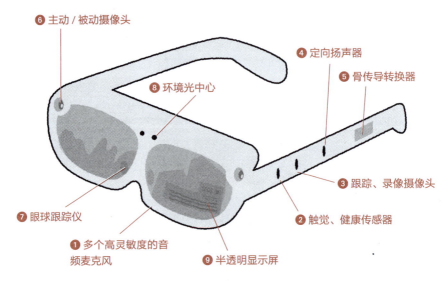

❶ 多个高灵敏度的音频麦克风
❷ 触觉、健康传感器
❸ 跟踪、录像摄像头
❹ 定向扬声器
❺ 骨传导转换器
❻ 主动 / 被动摄像头
❼ 眼球跟踪仪
❽ 环境光中心
❾ 半透明显示屏

即将登场的"XR Glass"会是什么样的呢？它的样式类似于眼镜，以镜片作为显示屏，靠近太阳穴的位置包含了可投射虚拟信息的技术，以及各种传感器、摄像头和定向扬声器等反馈技术。它最大的优点是体积小、重量轻，被认为是可以充分实现 VR 和 AR 的头戴式设备的 "6DoF（六自由度）"，即上下、左右、前后、往上看、往下看、仰头、摇头这些运动方向。日本的 KDDI 公司正在研发一款形似太阳眼镜的 AR 眼镜 "nreal light"，并已在日本国内开始了实证实验。据悉，苹果公司也在研发可以兼顾 AR 和 VR 的眼镜。

❶ 配备高灵敏度的麦克风，完美捕捉使用者通话时的声音

❷ 利用触觉功能，测量使用者的健康状态，可应用于数字化医疗

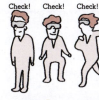

❸ 具有拍照片、拍视频的录像功能，可用于工作上的业务报告、培训等

❹ 可将声音信息发送至指定人物或限定范围之内

❺ 不再靠鼓膜，而是通过骨传导防止漏音。听觉障碍者也能很好地听见声音

❻ 平常可以通过 AR 被动地接收信息或者主动地与他人分享信息

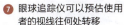

❼ 眼球追踪仪可以预估使用者的视线往何处转移

❽ 根据环境的明暗程度，自动调节眼镜视野内亮度

❾ 和一般的显示屏不同，由于眼镜是半透明的，外面的人可以看到眼镜后面的样子

关 键 词 ➡ ☑ 安全问题、隐私泄露、电磁辐射

## 06 关于 5G 的风险，你要提前了解

虽然 5G 让我们的生活和社会变得更加美好，但我们也需要提前了解它所隐含的种种风险。

　　5G 给我们带来的未必是光明的未来。随着所有领域和机器的不断联网化，网络攻击、信息泄露、健康损害等问题着实令人担忧。在 4G 的时候，遭受网络攻击就已经会造成很大的损失，随着 5G 的引入，物联网社会对系统的依赖性极高，那么系统被黑客攻击时产生的损失势必比之前更加严重。引入 5G 所带来的风险还不限于此。

### 5G 所隐含的 3 种风险

● 安保

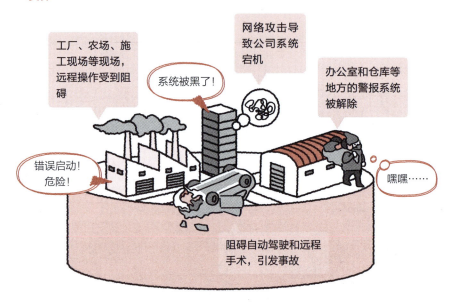

在5G普及的社会中，发布视频将更加容易。此外，在5G网络下人们可以发布比4G更高清晰度的视频。但视频发布者需要注意，这也增加了隐私泄露的风险，比如个人住址和家族成员等隐私事项，都会被视频中的琐碎细节泄露出去，即使视频发布者自以为已经很小心了。此外，正如互联网世界目前面临的大问题一样，人们总是担心个人信息有可能在自己不知情的情况下被他人或机构收集和利用。此外还有电磁波辐射的问题。有些人认为，5G提供了高速率、大容量的通信，所以人们接触电磁波辐射的机会也会增加。当然，很多国家都在采取应对措施，有风险并不意味着不应该使用5G。我们要做的是要正确认识这些问题，正确利用5G。

专栏 08

# 人们热议的"5G 智能手机"哪里厉害?

全球已经开始了 5G 智能手机的商用化。打头阵的是韩国三星,以支持 5G 的智能手机"Galaxy S10 5G"为开端,后续发布了折叠式智能手机"Galaxy Fold"。另一方面,在欧洲的手机市场上,中国的存在感日益凸显。华为的"Mate 20x 5G"和小米的"Mi Mix3 5G"开始在瑞士销售,中兴通信在芬兰开始销售"Axon 10 Pro 5G"。2019 年,日本的索尼和夏普向媒体展实了样机,夏普还宣称可以在 5 秒内下载完一部 2GB 的电影。

能最大限度地体现出 5G 的高速率、大容量优势的还是视频发布。各公司都致力于显示屏的高性能化和大屏幕化,其中最受关注的是三星的"Galaxy Fold"和华为的"Mate 20x 5G"折叠屏智能手机。把机身合上就变成一块显示屏,实现了前所未有的视觉体验。

此前也有过折叠屏智能手机,但那是一个视频显示在两个画面上，显示屏的边框无论如何都会分割画面，无法让使用者享受"一个画面"。通过显示屏技术的革新而诞生的折叠型智能手机解决了这样的问题。不存在分割画面带来影响，使用者可以在一个大的画面下享受高清画面。

由于 5G 芯片的专利问题，美国苹果公司在开发 5G 手机方面稍显迟缓，但苹果开始推出包含自家公司制作内容在内的视频服务和订阅式游戏服务，有望卷土重来。2020 年发售的支持 5G 的 iPhone 能在多大程度上打入由中国和韩国主导的市场呢？人们议论纷纷。

5G 手机纷纷问世，但在一段时间内价格都会很昂贵，因为它们需要最新的半导体、显示屏和大容量电池。"Galaxy Fold"和"Mate 20X 5G"的售价分别为 24 万日元和 26 万日元（约等于人民币 14000~15000），都不是可以轻松购买的价格。但随着未来几年 5G 不断普及，价格有望下降。人工智能不断发展，未来还将增加更多的功能，5G 手机将成为我们日常生活中不可缺少的一部分。

# Chapter 08 术语解释　　关键词

☑ KEY WORD
## Stadia（P.135）

　　谷歌提供的一种游戏流媒体服务，于 2019 年 11 月开始在 14 个国家（不包括日本）预售，并于 2020 年 2 月全面推出。这个概念已经存在了十年之久：游戏本体在数据中心，用户无须下载游戏，直接在网页浏览器或 APP 上玩游戏。其优势在于，过去需要高性能电脑才能玩的画面精美的网络游戏，现在可以在智能手机和配置普通的电脑上玩了。

☑ KEY WORD
## 高通公司（Qualcomm）（P.140）

　　一家美国电信制造商，以提供蜂窝通信的半导体起家，也是知名的智能手机和电脑芯片供应商，该公司的骁龙系列在智能手机市场占有率最高，于 2018 年发布了兼容第五代移动通信系统（5G）的最新手机芯片。很多安卓系统的高端手机的芯片采用的都是骁龙系列。在与中国 5G 芯片智能手机的市场份额争夺战中，它是经常被提及的热门话题厂商。

☑ KEY WORD
## 六自由度（6DoF）（P.141）

　　原意是指刚体在三维空间内所能实现的运动自由度，是在 3DoF（前后、上下、左右三轴的运动）的基础上进一步演化而来的一种运动。具体来说，3DoF 只在固定的 XYZ 轴移动（前进/后退、上/下、左/右），但 6DoF 可以在不固定的轴上任意移动。如果 VR 护目镜能够实现这种运动，那么有望在虚拟世界中让动作更具真实感。

☑ KEY WORD
## 网络攻击（P.142）

　　是指通过网络侵入服务器、个人电脑等计算机系统，从而破坏系统、窃取数据或伪造数据。在 5G 时代，普通用户将从高速、大容量的通信中受益，但遭受来自网络恐怖分子网络攻击的风险也将增加。为了防范此类攻击，建议在连接互联网时尽快安装最新的针对 5G 的安全软件。

☑ KEY WORD
## 电磁波辐射（P.143）

　　电磁波是由同相且互相垂直的电场与磁场在空间中衍生发射的震荡粒子波。最新的通信系统中都采用了电磁波，但已有研究指出，一定频率的电磁波对人体是有害的。研究表明，每天使用 20 分钟，持续 5 年，患脑瘤的风险会增加 3~5 倍，世界卫生组织已将其与电导体、废气、氯仿认定为致癌物。据悉，随着物联网设备的普及，造成电磁波辐射的设备会越来越多，并不限于手机。

146

## 主要参考文献

**5G 商业**
龟井拓哉 著（日本经济新闻出版社）

**5G 革命的真相：5G 通信与中美数字冷战**
作者 深田萌（WAC 出版社）

**日经 mook 欢迎来到 5G 世界！**
日经 ×Tech 编（日经 BP 社）

**5G 将如何改变商业?**
Kurosaka Tatsuya 著（日经 BP 社）

**2019 年 5 月 25 日《东洋经济周刊》**
5G 革命（东洋经济新报社）

**2019 年 11 月 5 日《周刊 Economist》**
特辑 5G 的谎言与真相（每日新闻出版）

**2019 年 11 月 9 日《周刊 Diamond》**
特稿 5G 大战（钻石社）

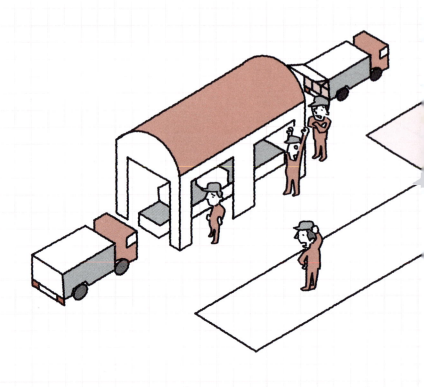

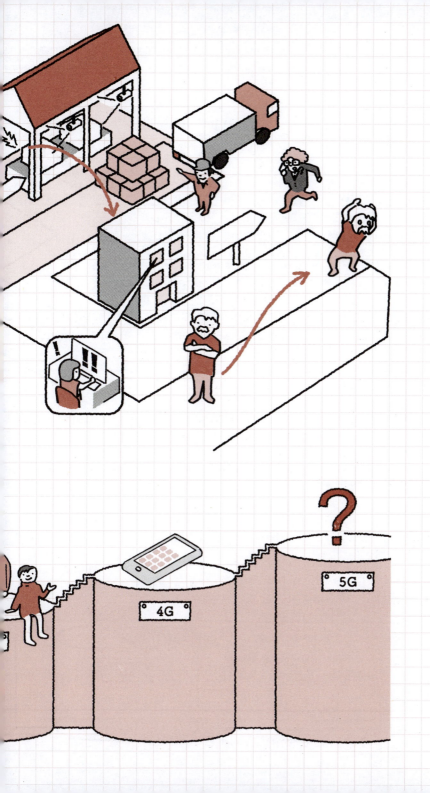